Hans-Peter Schreijäg

hinauf Donau Die

Impressum:

Autor:	Dr. med. Hans-Peter Schreijäg
Titel:	Die Donau hinauf
Titelbild:	Raue Rampe – ehemaliger Fallenstock in Riedlingen
Druck:	Schirmerdruck OHG, Riedlingen
Ausgabe:	1. Auflage, 2009
	© Alle Rechte beim Herausgeber
ISBN:	978-3-00-026845-8

gedruckt auf „9LIVES SILK“, holzfrei

FSC
Mix
Produktgruppe aus vorbildlich bewirtschafteten Wäldern und anderen kontrollierten Herkünften
www.fsc.org Zert.-Nr. IMO-COC-24236

– Den Söhnen der Stadt Riedlingen –

(A)

In der Zille „BREG“ sitzen mit Kurzpaddeln:
Laurin Häckel
Benedikt Blersch
Anna Blersch
Florian Brunner
Paul Aßfalg
Maurus Bauschatz
Robin Berner

Stehend, in der historischen Kluft der Zoll-Zillen-Bauer mit Hut:
(Wolfgang Müller), Volker Franz und Arthur Kaifler
vom Zoll-Zillen-Verein Ulm-Gögglingen-Donaustetten e. V.

Zugspitze und Schneeferner-Massiv von Pflummern aus, 18.2.2008 (S)

So, wie wir auf diesem Bild die Weite des Raumes auf unserer Erde erkennen, wenn die aufgehende Sonne den höchsten Berg Deutschlands, die Zugspitze und das Schneeferner-Massiv anstrahlt, so soll dieses Buch in die Tiefe der Vergangenheit der Stadt Riedlingen leuchten und uns die ehrbare Arbeit der Menschen an der Donau mit Stechpaddeln, Arbeitszillen und Treidelpfaden vor Augen führen.

Vorwort:

Über die Frühgeschichte der Stadt Riedlingen gibt es nur spärliches Material und bisher keine beweisenden Funde. Rein wissenschaftlich gesehen ist also meine Darstellung, wie sie hier aufgeschrieben ist, viel zu spekulativ.

Betrachtet man jedoch die Arbeitsschiffe, die Stechpaddel und die Treidelpfade, wie sie sich bis in unsere Gegenwart hinein gehalten haben und die Beseeltheit dazu, die von ihnen ausgeht, so kann es in der Vergangenheit gar nicht anders gewesen sein, als wie ich es hier darstelle.
Einzig bleibt dazu die Frage, w a n n haben Arbeitszillen, Stechpaddel und Treidelpfade hier Einzug gehalten?
Und an diese Überlegung kann man noch anschließen: w o h e r kamen diese Errungenschaften menschlichen Geistes oder gingen sie gar von hier aus?

Jede geschichtliche und naturkundliche Abhandlung ist ein momentanes Dokument. Sie ist nicht endgültig. Sie kann lediglich das derzeitige Wissen des Autors und den aktuellen Stand der Wissenschaft wiedergeben. Auch ist die Darstellung der Ergebnisse und der Erkenntnisse durch die technischen Möglichkeiten des Wiedergabemediums begrenzt. Draußen in der Natur ist alles noch einmal anders.

In diesem Buch mache ich mir Gedanken über die Probleme der frühen Siedlungsgeschichte im Bereich der Stadt Riedlingen an der Donau.
Was hat die Menschen bewogen, an dieser Stelle zu bleiben und sich hier anzusiedeln und was hat im weiteren Verlauf der Geschichte zur Ausweitung des Ortes und zum Aufbau einer ganzen Stadt, also zur Urbanisierung geführt?
Aus heutiger Sicht und Denkweise müssen wir uns dabei auf ein Rückbesinnen, auf ein gedankliches Wagnis, einlassen.

Dazu schließe ich, bitte gestatten Sie auch dies, lieber Leser, wieder eine Frage an:
Ist diese Gedankenanstrengung nur für geschichtsinteressierte Mitmenschen lohnend, oder ist sie für die Erhaltung der Stadt und die Evolution der Bevölkerung von Interesse? Bitte urteilen Sie selbst.

Wir leben in einer Zeit, in der für das menschliche Leben alles Wesentliche problemlos zur Verfügung zu stehen scheint. Wir müssen uns nicht allzu viel Gedanken machen. Wir drehen zum Beispiel den Wasserhahn auf und haben frisches Trinkwasser; wir können uns jede nötige und fast jede luxuriöse Nahrung kaufen und konservieren und im Winter sind unsere Wohnräume behaglich beheizbar. Kurzum es geht uns gut.

Ich meine jedoch, wir sollten dringlich aus der Vergangenheit lernen. Denn es ist nötig, vieles zu ändern, um das Wesentliche zu Erhalten.
Gerade in der heutigen Zeit, an der Schwelle einer globalen Erwärmung unseres Planeten, die jetzt schon spürbare, teils zu Katastrophen führende Änderungen unseres Lebensraumes mit sich bringt, ist es von besonderer Bedeutung und Notwendigkeit, sich (wieder) auf die Grundfeste menschlichen Lebens und Zusammenlebens zu besinnen.

Die kommende Zeit wird im Hinblick auf die Natur Entscheidungen von uns verlangen, die mit unseren bisherigen Gedankengängen, dass wir die Natur einfach gebrauchen und verbrauchen können, nicht mehr vereinbar sind. Die Natur, das „Um uns herum“, ist ein kostbares Gut. Sie ist ein Faktor, genau so wichtig wie die Reinheit des Wassers, dass wir es trinken können. Nur haben wir das noch nicht ernsthaft in unser Bewusstsein aufgenommen.
Insofern sind die Grundwerte menschlichen Lebens wie Wasser zum Trinken, Luft zu atmen, Sonne, die wohltuend erwärmt und Leben spendet, Nahrung

zum Essen, gegenseitige Hilfestellung zur Überwindung von Problemen und ein friedfertiges, sich positiv unterstützendes Miteinander der Menschen vielleicht wichtiger und aktueller denn je zuvor.

Kanugesellschaft nach Überwindung des Wehres in Rechtenstein, St. Nepomuk, Brückenheiliger (S

Die Überwindung eines kräfteverbrauchenden Hindernisses oder Problems ist oft durch eigene, alleinige Anstrengung nicht möglich. Sie zwingt zum Umdenken, zum Hilfe holen. So wird das Lösen einer großen Aufgabe, das Überwinden einer Hürde, zur Gemeinschaftsleistung.

Heute wie früher ist für die Stadt Riedlingen in naturkundlicher Hinsicht der wichtigste Problemfaktor der Wasserstand der Donau. In der Vergangenheit war das insbesondere das Hochwasser.

Hochwasser 1990, Gewann „Unterwasser", Zollhauser Bach, Gärtnerei Bendel, Bussen (F)

Niedrigwasser am Riedlinger Wehr, Oktober 2007
Niedrigwasser bestand 2007 auch in den Monaten April, September und November (S)

Wird die Erderwärmung auch große Probleme mit Trockenheit und Wassermangel mit sich bringen? Ich meine ja, sie wird.

Das zweite, nicht minder wichtige Problem in der Geschichte der Stadt Riedlingen war die Durchquerung der Donau mittels einer Furt oder die Überwindung des Wassers, also der Brückenschlag.
Ein Drittes Problem war zumindest in früherer Zeit, als die Flüsse, vergleichbar unseren heutigen Autobahnen und Flughäfen, noch Hauptverkehrswege waren, die Überwindung des Wasserfalles vor den Toren der Stadt, dem heutigen Streichwehr.
Die gegenseitig notwendige Unterstützung zur Bewältigung solcher Probleme und die Nutzung der Vorteile des Flusses für den Schutz der Stadt, die Wirtschaft und den Transport von Gütern ist der kausale Bezug für die Ansiedlung und Gründung der Stadt Riedlingen.

Wir gehen davon aus, dass unsere heutige Kultur intelligent ist, intelligenter als die früheren Kulturen es waren und wir nehmen für uns in Anspruch, die alles möglich machenden Techniken zu besitzen. Dafür opfern wir Menschen, Mutterschaft, Familienbande, sinnvolle Freizeit und vieles andere mehr.

Sicher hat sich alles weiterentwickelt. Aber ob Alles deshalb besser ist, bezweifle ich sehr. Sie werden sich in diesem Buch darüber selbst ein Bild machen können.

Die Vergangenheit können wir betrachten und wir können konstatieren, was gut war, was heute noch in Gebrauch ist und heute noch gilt oder was überflüssig, übel und verwerflich für die Entwicklung der Menschen war und ist.
Am Geschehenen lässt sich nichts mehr ändern. Wir können nur noch daraus lesen, daraus lernen, daraus unsere Schlüsse ziehen. Und zwar die Schlüsse für

jetzt und für die Zukunft: was nützt, was ist sinnvoll, was wird gebraucht und was nicht. Die Zukunft können wir nur erahnen und ihr das Schlechte des Alten ersparen.

Das zu tun, nämlich die Fehler, die Altlasten wieder zu korrigieren oder das Schlechte weg zu lassen, dieser Aufgabe sollten wir uns selbst stellen und sie nicht unseren Kindern oder Enkeln aufbürden. Sie werden mit Ihren Problemen genug zu tun haben. Die Zeit, das zu ändern, was schlecht war und ist, das ist die Gegenwart, das ist die Jetzt-Zeit. Wir sollten also jetzt, immer, sofort zum Besseren korrigieren. Und wir sollten gegenseitig aufeinander hören und uns gegenseitig unterstützend behilflich sein und in geziemendem Umgang miteinander aufzeigen was wir für gut oder was wir für schlecht erachten.

Dr. med. Hans-Peter Schreijäg Im Mai 2009

Dank

Mein besonderer Dank gilt den Herren Johannes Warmke, Rainer Menz, Dr. Joachim Eberlein und Andreas Stegmaier vom Landesbetrieb Gewässer des Regierungspräsidiums Tübingen so wie Herrn Johannes Schöllkopf, Schreinermeister, Zillen- und Stechruderbauer aus Ulm-Gögglingen für ihre sorgfältige und umsichtige Arbeit.
Sie haben durch ihr Tun und ihre Beiträge belegt, dass meine „theoretischen Gedanken" aus der Betrachtung der Geschichtsdokumente, der Natur und der Menschen nicht nur in der Gründerzeit der Stadt Riedlingen und in der Vergangenheit Gültigkeit hatten.
Sie haben bewiesen, dass bis zum heutigen Tag, im Zeitalter der scheinbar unabdingbaren Motorisierung, durch ausgezeichnetes handwerkliches Können und durch kluge, geschickte und ergonomische Vorgehensweise das Befahren der Donau flussab- aber vor allem auch flussaufwärts bei einer, durch das örtliche Gefälle nicht gerade geringen, Mittelwasserströmung von 0,70 ms (Meter/Sekunde = 15 Kubikmeter Wasser pro Sekunde) allein durch menschliche Kraftaufwendung möglich ist.

v.l.n.r.: Johannes Schöllkopf, Johannes Warmke, Dr. Joachim Eberlein (S)

Berichtigung:

Ursprünglich hatte ich bei meinem ersten Vortrag am Samstag, dem 02.06.2007, den Titel: „Lastenkähne, Stechruder und Treidelpfade, ein Beitrag zur Geschichte der Stadt Riedlingen" gewählt.

Die erste Begegnung mit Herrn Johannes Schöllkopf vom Zoll-Zillenverein Ulm-Gögglingen an diesem Tag hat mir zunächst einmal die Erkenntnis gebracht, dass der Begriff Lasten-"kähne" zwar hier in Riedlingen gebräuchlich ist, vom Fachausdruck der Schiffbauer jedoch müssten die in Riedlingen verwendeten Schiffe korrekterweise Lasten-„zillen" bzw. „Arbeitszillen" genannt werden. Johannes Schöllkopf ist heute der einzige Zillenbauer an der oberen Donau und noch der einzige Stechruderhersteller in Deutschland. Er hat mich zu Recht korrigiert. In Ihm habe ich zu diesem Thema meinen Meister und persönlich einen guten Freund gefunden.

Der Zweite Begriff „Stechruder" war natürlich ebenfalls falsch. Bei dieser Benennung ist mir, muss ich gestehen, obwohl ich eigentlich sehr sorgfältig recherchiert hatte und Paddel und Ruder nicht verwechseln wollte, ein Fehler unterlaufen. Der Grund ist die Assoziation „Ruder" zu dem historischen Namen der Stadt Riedlingen „Rudelingen", die mir von allen Seiten suggeriert wurde. Im Wappen der Stadt sind die gekreuzten Stechpaddel dargestellt. Nach noch

Meister Johannes Schöllkopf (S)

geltender heraldischer Interpretation sind die Stechpaddel der „sprechende Ausdruck" für den alten Stadtnamen „Rudelingen" das auf „Ruder" zurückzuführen sei. Aber lesen Sie bitte zu diesem Thema einfach weiter.

Wagnis

An dieser Stelle stehe ich natürlich nun wieder vor der Frage, ob alle Angaben, die in diesem Buch vorkommen historisch gesichert sind bzw. ob alles der Wahrheit entspricht. Wenn man Behauptungen aufstellt, die nicht der geschichtlichen Wahrheit entsprechen, dann lässt man es auf jeden Fall besser sein. Es ist selbstverständlich, dass ich nichts anderes vorhabe, als Fundiertes zu schreiben. Trotz umfangreichen Wissens, Lektürestudium und sorgfältiger Recherchen können jedem Autor, selbstverständlich auch mir, Fehler unterlaufen. Wenn ich aber nun nicht schreibe, bliebe die Tür zur Frühgeschichte der Stadt Riedlingen, - vielleicht für immer -, verschlossen. Deshalb muss ich auch diesmal wieder in Kauf nehmen, dass, - unbeabsichtigt -, das Eine oder Andere nicht oder nicht ganz richtig ist und ich werde bemüht sein, sobald ich über bessere Quellen verfüge, zu erweitern, zu ergänzen und zu korrigieren.

Die Donau hinab

Ein Beispiel: Der Donaulauf 2007

Auf Initiative des amtierenden Riedlinger Bürgermeisters, Herr Hans Petermann und unter der sportlichen und logistischen Leitung des Diplom Sportlehrers, Herr Bernd Hummel aus Ulm starteten am 4. Juli 2007 31 Läuferinnen und Läufer zu einem legendären Lauf. Die Läufer wollten die gesamte Strecke entlang der Donau von den Quellen im Schwarzwald bis zu der Mündung ins Schwarze Meer, das sind 2888 Kilometer, innerhalb von 10 Tagen zurücklegen.
In zwei Gruppen wurde gestartet. Eine Gruppe begann den Lauf an der 1078 Metern hoch gelegenen Quelle der längeren Breg bei der Michaelskapelle in Furtwangen. Die zweite Gruppe startete an der Brigach-Quelle in St. Georgen im Schwarzwald. Der erste Etappenstop war die sogenannte 3. Donauquelle im Garten des Schlosses zu Fürstenberg in Donaueschingen. Von dort ging es dann

Hier betraten die Läufer unsere Stadt

(S)

weiter über Tuttlingen und Sigmaringen nach Riedlingen, der Heimat des Initiators. Am frühen Sonntagmorgen, dem 5. Juli, wurden die Läufer hier auf der Holzbrücke von einer Sympathisantenschar begrüßt und unterstützt. Über Ulm, der Heimat des sportlichen Leiters und der Sponsoren führte der Lauf weiter nach Regensburg. Dann wurde Halt in Riedlingens Patenstadt Pöchlarn gemacht, um nur einige Stationen zu nennen. Das Abenteuer führte weiter zum Donaudurchbruch bei Weltenburg und endete schließlich planmäßig am 14. Juli an der Mündung der Donau bei der Stadt Tulcea am Schwarzen Meer.

Wie ist so etwas möglich?
Das Geheimnis war, dass die Läufer sich immer nach einer Stunde abwechselten. Es war also ein Staffellauf. Im Staffelstab befand sich übrigens Quellwasser von der Breg. In jeder Stunde legten die Läufer im Schnitt jeweils 12 km zurück. Sie liefen bei Tag und bei Nacht, bei Sonnenschein und Hitze, auf sengenden Asphaltstraßen ebenso wie auf regendurchnässten Wegen. Sie liefen auf viel befahrenen Autostraßen, in den Abgasen der Städte, in sauerstoffreichen schattigen Wäldern, in der Weite der ungarischen Tiefebene, ja selbst im tosenden Gewitter in dunkler Nacht im fernen Rumänien. Nichts und niemand konnte sie aufhalten. Und sie erreichten ihr Ziel. Unter dem Beifall der Zuschauer wurden sie in Tulcea und in Sulina am Meer gebührend gefeiert.

Dieser Lauf wird nicht nur in die Annalen des Sportgeschehens sondern auch in die Legenden aller Donau-Anrainer-Staaten eingehen.
Zurück sind die Läufer mit den Autos gefahren, wie man in dem Dokumentarfilm sehen kann.

So ist unsere heutige Denkweise eben.

Die Donau hinauf

Flussaufwärts wird gezählt

(S)

„Alter" Kilometerstein an der Donau,
im Besitz v. Landesbetrieb Gewässer

„Neuer" Kilometerstein in Riedlingen,
2651 Kilometer von der Mündung in Tulcea

(S)

„Die Natur ist von keinem belehrt und weiß doch immer das Richtige“

(Hippokrates von Kos, Archiatros von 460 v. Chr. bis um 370 v. Chr.)

Einleitung

Nur drei Monate im Jahr, von April bis Juni, hat unsere Natur, in der auch wir als kleiner Teil eingebettet sind, die Kraft, sich zu erneuern. Im März finden und raufen sich die Vogelpaare zusammen, markieren ihre Reviere in der sie ausreichend Nahrung und Freiraum für die Familien erwarten und bauen ihre Nester. Dann ist Brutzeit und Aufzucht der Jungen. Im Juli werden auch die Nesthäkchen flügge und lernen vor Störung und Stress zu fliehen und sich zu behaupten.
Anfang August, wenn bei Tagesanbruch in den reich bewaldeten Donauauen der weckende Ruf des Kuckuck verklungen und das vielstimmige Konzert der Singvögel verstummt ist, dann ist auch die Brutzeit von Wasseramsel, Pirol, Flussregenpfeiffer und Eisvogel vorbei und aus den flüggen Jungvögeln sind flugsichere Ästlinge geworden. Hoch über dem rauschenden Streichwehr im Nest auf dem imposanten Staffelgiebel unseres Rathauses erheben sich die Jung-Störche und strecken ihre Beine und Flügel der roten, hinter dem Bussen aufgehenden Sonne entgegen.
Vom flauschigen Nachtquartier auf dem Pfeilersockel der blumengeschmückten Brücke stürzen sich unerschrocken die vielen Jungen der braunen Stockente in das kalte Wasser und schwimmen emsig und piepsend, perlschnurartig ihrer

Mutter gehorsam hinterher. Von ihren taufrischen, saftigen Wiesen auf der großen Insel treten, noch schlaftrunken, Kühe und Kälber durch den grünen Vorhang der ufersäumenden Weiden, knackend das dürre Geäst zerbrechend, an der „Rosstiefe" in die Donau, um dort genügend von dem frischen Wasser zu trinken.

An der "Rosstiefe" im März 2008, Entenfütterung, Kühe beim Wasser trinken (S)

Dann ist die Zeit der Schulferien gekommen und an heißen Tagen suchen auch die Kinder und Jugendlichen und die junggebliebenen Erwachsenen unerschrocken das kühlende, kräftigende, kostbare Nass des Flusses auf, um sich abzukühlen. Die Burschen wagen oft sogar, Gott sei Dank immer Fuß voraus, einen kühnen Sprung vom Eisengeländer der Brücke ins wenig tiefe Wasser, die Gefährlichkeit ihres Tuns geringachtend. In der nun nicht mehr so kalten Strömung sieht man jetzt auch wieder die vielen kleinen und großen Kapitäne und sie stechen mit ihren bunten Schlauchbooten und Kanus „in See". Dafür ist nun auch im Jahreslauf die richtige Zeit.

Den Kommentar, den man dazu hier in Riedlingen die Menschen in lebendigem oberschwäbischem Dialekt sagen hört lautet: „se fahrad wieder D`Dona na “. Damit ist eben das Boot fahren auf der Donau gemeint. Für diejenigen Mitmenschen, die bedauerlicherweise der Schwäbischen Sprache nicht mächtig sind, übersetze ich diesen Satz ins Schriftdeutsche. Er heißt: „sie fahren wieder die Donau hinab“.

Oder heißt es „die Donau hinunter oder die Donau herab“?
Das „Hinab“ bezeichnet die Fahrt vom Betrachter weg flussabwärts. Kämen die Boote von oben herunter auf den Betrachter zu hieße es in der offiziellen deutschen Sprache „herab“ und im Dialekt kurz und bündig „ra“. „Hinunter“ lässt sowohl im Schwäbischen, wie im Hochdeutschen beide Möglichkeiten zu, also „herab kommen“ und „hinab fahren“ und wird im Hochdeutschen vor allem beim Gebrauch der beiden Vergangenheitsformen benutzt. So lautet der Satz in der unvollendeten Vergangenheit: „sie fuhren die Donau hinunter“ oder in der vollendeten Vergangenheit „sie sind die Donau hinunter gefahren“.

Egal, „na“, oder „ra“ oder „nonter“, - „hin“ oder „her“, - „rom“ oder „nom“ -, „S`Bootle-fahra“ ist alljährlich ein schönes, ein beliebtes, meist ein lärmendes, oft ein feucht-fröhliches und ein vielfach insgeheim („hälenga“) bestauntes Sommervergnügen junger Menschen auf der Riedlinger Donau.
Leider werden von den Abenteurern allzu häufig die Gefahren, die in und an der Donau lauern, wie die Strömung, die Untiefen des Flusses, seine Strudel und Wehre aber auch die seichten Sandbänke, die Sonneneinstrahlung, die Wasserkälte auf die Dauer der Fahrt, die Länge der Wegstrecke, die Unwegsamkeit des Geländes außerhalb der Anlegestellen, die Instabilität der Schlauchboote, der Kanus und der selbstgezimmerten Floße, der Trinkwasser- oder Nahrungsbedarf und die eigenen Kräfte erheblich unterschätzt, so dass manche Fahrt beim Arzt oder gar im Krankenhaus endet.

Für die Bootsfahrten ist es eine Selbstverständlichkeit, dass die Kanus auf den Anhänger gezurrt und mit dem Auto zur Einstiegstelle in den Fluss, zum Ausgangspunkt der Fahrt, gefahren werden.

(S)

Die Schlauchboote werden am Startplatz aufgeblasen und zu Wasser gelassen. In der Regel ist auch ein Begleitfahrzeug mit dabei, in dem man dann bequem und entspannt wieder die restliche Strecke nach Hause zurück fahren kann.

Man kennt gar keine andere Möglichkeit.
Wir haben keinen anderen Gedankengang.
Wie sollte es auch anders sein?
Wie sollte es auch anders gewesen sein?

Dass es jahrhunderte, ja jahrtausende lang anders, ganz anders war, dass Menschen und Waren nicht nur über den Fluss gesetzt und flussabwärts befördert, sondern vor allem auch flussaufwärts transportiert worden sind, davon soll dieses Buch Zeugnis geben.

„Nichts von all dem Guten, das uns widerfährt, ist selbstverständlich"

(Albert Schweitzer, Lambarene. Arzt, Nobelpreisträger, 1875-1965)

Die Geschichte der Stadt Riedlingen von Anfang an

SD

Haus Bartholomä in der Lange Str.: Darstellung der Geschichte der Stadt Riedlingen an der Hausfassade

„Tarodunum“ – Eine prähistorische Siedlung?

SD

Zunächst gehen wir einmal der Frage nach, ob es in der Zeit vor Christi Geburt, während der Hochkultur der Kelten in der Spätlaténezeit um 450 v. Chr. mit ihrem Fürstensitz auf der Heuneburg bei Hundersingen schon zu einer Zentralisation und Siedlung von Menschen an der Donau, speziell hier in Riedlingen gekommen war.

Die erste Bezeichnung, die darauf hindeutet, ist das Wort „Tarodunum“.

Dazu können wir in der Oberamtsbeschreibung von Riedlingen aus dem Jahre 1923 auf Seite 585 lesen:

„Fügen wir noch an ein eigentümliches Tor in der Storchengasse, das Haus bei der „Kanne“ mit spitzbogigem Tor ..., das Haus..., ... Dr. W. Mißmahl in der Froschlache, das Portal beim Gasthaus „zum Ulmer“ in der Weilergasse, das Haus des Oskar Bartholomä mit neueren Gemälden aus der Geschichte Riedlingens („Tarodunum“) und aus dem Krieg 1870/71. Einfache schmiedeeiserne Wirtshausschilde weisen noch eine ziemliche Reihe von Gasthäusern auf. Heiligenfiguren an den Häusern trifft man noch hie und da: ...“(24)

Zunftbrief Bäcker 1844

(A)

Und um eben diese „neueren Gemälde" am Haus des Oskar Bartholomä, über deren Herkunft nichts bekannt ist, geht es zunächst einmal.

Der Name Tarodunum taucht im Zusammenhang mit Riedlingen also wohl erstmals im späten 18. Jh. auf.

Handelt es sich hierbei lediglich um eine neu-humanistische Namensschöpfung, wie sie zu dieser Zeit auch andernorts vorkam?

Die Authentizität des Begriffes „Tarodunum" steht und fällt bisher mit dieser Darstellung am Giebel des Hauses in der Langen Straße.

Das Haus ist im Auftrag der Zisterzienserinnen des Klosters Heiligkreuztal gebaut worden und diente ursprünglich als Zehntscheuer dieses Klosters in der Stadt.

Der geschichtliche Bezug zur der keltischen Vergangenheit am Soppenbach, an dem auch Heiligkreuztal liegt, ist meines Erachtens somit hergestellt.

Ob es sich tatsächlich bei Riedlingen bereits um eine keltische Siedlung und um einen keltischen Namen handelt müssen archäologische Forschungen zu Tage bringen. Im Laufe dieses Artikels gehe ich aber noch näher auf den Namen

„Tarodunum" ein. Bis zum Beweis des Gegenteiles sollten wir an der ersten, frühen Bezeichnung „Tarodunum" für Riedlingen festhalten. Zumal der Soppenbach, zusammen mit dem Holzbach in Andelfingen, die dort in den Biberbach (= die Biber) münden, für das Erblühen der Stadt Riedlingen zumindest im 16. Jahrhundert von größter Bedeutung gewesen sein dürfte, wie wir heute noch an den Holzfachwerkhäusern sehen können.
Zu der Wasserverbindung Soppenbach, Biber und Donau erfahren Sie später mehr.

Jetzt mache ich mich also zunächst einmal auf, die Bedeutung des Wortes „Tarodunum" herauszufinden oder wahrscheinlich zu machen. Kommen Sie mit.

Was wissen wir über „Tarodunum"?

Wenn wir im Brockhaus nachschlagen (6) finden wir unter dem Begriff „Taro", dass das Wort aus der Sprache der Maori stammt, einem Volksstamm auf den Sundainseln im tropischen Asien, und eine Pflanze ist. Wir nennen die Pflanze „Kolokasie". Sie gehört botanisch betrachtet zu den Aronstabgewächsen. Der Aronstab ist uns wiederum von unseren heimischen Wäldern gut bekannt. Der schwere knollige Wurzelstock der Taro ist in Ozeanien ein wichtiger Stärkelieferant und als Grundnahrungsmittel und Hauptbestandteil des Nationalgerichtes Poi von elementarer Bedeutung. Zu alldem haben wir aber hier in Riedlingen keinen Bezug.
Also dürfte diese Pflanze für die Namensgebung ausgeschlossen sein.

Als nächstes steht wohl auch das Kartenspiel „der Tarock" mit dem von uns gesuchten Begriff in keinen Zusammenhang.

Schon eher könnte es sich bei der Dritten Bezeichnung im „Brockhaus", bei der

Stadt „Taroudant“ in Marokko, um etwas Interessantes handeln. Denn die Stadt „Taroudant“ umgibt eine 8 km lange und 8-14 Meter hohe Stampflehm-Zinnenmauer, die aus dem Beginn des 18. Jahrhunderts stammt.
Das Datum des Erbauens passt nun wiederum nicht zu unseren Vorstellungen. Der Name und die Stampflehm-Mauer mit Zinnen wiederum könnte schon einen sinnvollen Bezug herstellen.

Es wird nun aber höchst spannend bei dem Begriff „Tara“. Das ist einmal der „Abzug für Verpackungen“. Das Wort stammt vom arabischen „tarh“ ab, das „Abzug“ bedeutet. Im italienischen wurde es zu „Tara“. Dieses Wort halten wir einmal in unserem Gedächtnis fest.

Unter „Tara“ finden wir noch weiter: „Die Tara ist der rechte Quellfluss der Drina, eines Flusses in Montenegro.“ (6) Auch das lässt uns aufhorchen. Ist dieser Quellfluss vielleicht mit einem natürlichen Wall „verpackt“ im Gelände? Ich vermute es.

Ebenso bedeutungsvoll dürfte der Begriff „Hill of Tara“ sein. Hierbei handelt es sich um eine der wichtigsten vor- und frühgeschichtlichen Fundstellen Irlands. In irischer Sprache genannt: „Temair Breg“. Die Befunde gehen auf das 4. Jahrtausend vor Christus zurück. Damit ist vom Datum her nur eine mittelbare Verbindung zu „Tarodunum“ möglich. (6)

Wenn ich nun in den archäologischen Literaturstellen forsche, finden wir eine Überraschung. Allerdings, um es gleich vorweg zu sagen, klafft auch hier der zeitliche Zusammenhang zwischen der Frühlaténe-Zeit der Heuneburg (um 450 vor Christus) und dem Datum der folgenden Quelle, 150 nach Christus, relativ weit auseinander.

Gibt es noch ein „Tarodunum"?

Bei meinen Recherchen war ich als Nicht-Archäologe zunächst einmal selbst sehr überrascht, dass die Bezeichnung „Tarodunum" für einen zweiten Ort in Baden-Württemberg, für eine (zweite) keltische Siedlung, vorkommt.
Es handelt sich um eine ehemalige Siedlung im „Zartener-Becken" bei Kirchzarten im Schwarzwald.
Die Schwestergemeinde von Kirchzarten, nämlich Hinterzarten ist uns vom ehemaligen Postboten, Skilangläufer und Schanzenspringer und späteren Gold-Medaille-Gewinner Georg Thoma bestens bekannt. Und dort ist die Bezeichnung archäologisch abgesichert. (15)
Es ist ferner überraschend, dass das Wort „Tarodunum" offensichtlich in das heutige Wort „Zarten" lückenlos übergegangen ist und in ihm fortbesteht.

Nun wäre es keineswegs selten, dass Orte oder Städte an verschiedenen Stellen denselben Namen bekommen haben. Als triviale Beispiele seien genannt: Altheim, Heudorf oder Neufra. Die Bezeichnungen charakterisierten früher dem Wanderer, dem Reisenden und insbesondere dem Flussreisenden die Orte, - denn um es immer wieder zu sagen, die wichtigsten Verkehrswege waren in der frühen Geschichte, dort wo es sie gab, die Wasserwege -. Die Orte wurden so beschrieben, dass jeder sie erkennen konnte. Hierzu sollen noch ein paar größere Orte und Städte beispielhaft genannt werden: Freiburg im Breisgau und Fribour im Kanton Basel in der Schweiz. Balingen im Zollern-Alb-Kreis und Bahlingen am Kaiserstuhl. Aber auch Bern, die Kantonshauptstadt in der Schweiz und unsere Bundeshauptstadt Berlin seien angeführt. Beide Großstädte begründen ihre Namensgebung mit dem Vorkommen von Bären und führen dieses Tier auch symbolisch in ihrem Wappen.
Weitere Beispiele hierzu stelle ich im Kapitel „die Aachen" vor.

Nicht nur die Ortschaften, auch die Landschaften und die Flüsse wurden mit dem Charakteristischen, was sie von anderen unterscheiden ließ, betitelt. Ich nenne hier der Einfachheit halber die ursprüngliche „Eichen*au*" in Rumänien und den Heuberg auf der Schwäbischen Alb so wie die Flüsse Schwarz*ach* und die Biber*ach*.

Ebenso bedeutsam ist ferner eine gemeinsame Silbe in der Bezeichnung verschiedener Orte. Beispiele dafür sind *Wert*heim, *Wert*ach, *Wert*ingen.

Diese Orte haben die 1. Silbe gemeinsam und die 2., die sie unterscheidet. Wir werden weiter unten noch sehr viel über diese wichtigen Bezeichnungen erfahren.

Wenn wir diese Gedanken nun, historisch betrachtet, weiter zurück in die Geschichte verlagern, so kommen wir zu der Überlegung:

„Tarodunum" müsste also sowohl in Zarten, als auch in Riedlingen etwas gemeinsam haben. Und etwas, was die Orte unterscheidet, denn in Zarten ist das Wort geblieben und in Riedlingen nicht.

Die Unterscheidung ist wohl eine Änderung des Namens und/oder ein Ortswechsel der Siedlung im Laufe der Zeit.

Das Gemeinsame könnte das „Taro-dunum" der Frühgeschichte, also sowohl im Charakteristischen der Siedlung und/oder in einem gemeinsamen Erbauer zu suchen sein und es müsste in die gleiche Zeitepoche fallen, in der Siedlungen, solcher gemeinsamer Art so betitelt worden sind.

Siedlungsgeschichte

Wir müssen uns also weiter fragen: wie entstanden in der frühen Geschichte menschliche Siedlungen, z.B. an einem Fluß?

Trittsteine über einen Fluss sind eine erste Vorgabe. Sie alleine reichen aber wohl noch nicht aus.

Hl. Christophorus, Wandbild am Haus Geiger, früher Vollmar, Riedlingen von G. Cokolov (S)

Für die Zentralisierung von Menschen an einem Ort und für die Bildung von Siedlungskeimen sind mehrere Faktoren von Bedeutung:
a.) die Menschen müssen, um dort sich immer wieder einzufinden, eine Aufgabe haben, die sie regelmäßig dort hin führt. Sei es um dort Trinkwasser zu holen, - dies ist wohl das Allerwichtigste -, oder sei es um Nahrung zu beschaffen oder sei es, um dort etwas Sinnvolles zu tun, für den Eigenbedarf oder für mehrere Menschen zusammen oder sei es, um dort andere Menschen zu unterstützen.
b.) Wenn ein längeres, wiederholtes Verweilen an diesem Ort erforderlich ist, ist die 2. Bedingung die Voraussetzungen für das Leben, nämlich gute Atemluft, sauberes Trinkwasser, ausreichende Nahrung und ein lebenswertes und günstiges Klima.
c.) die Lokalität muss gut erreichbar sein oder der Weg dorthin muss gangbar gemacht werden.
d.) der Ort muss vor feindlichen Übergriffen sicher sein oder sicher gemacht werden.

Nun kehren wir gedanklich zurück und gehen der Frage nach:

Was könnte „Tarodunum" nun heißen?

Die aufschlussreichste Darstellung dazu stammt aus der Dissertationsarbeit von Herrn Bernhard Mangei.
Dort finden wir auf Seite 40-55 unter B) „Tarodunum und Zarten":

„Für die Lokalisierung und Charakterisierung des von Ptolemaios bezeugten Ortes Tarodunum ist die Interpretation des Namens „Tarodunum" aufschlussreich, und zwar zunächst.... So scheint der Ansatz eines Personennamens „Taros" am plausibelsten. Der Name „Tarodunum" ist folglich am ehesten als „Burg/Stadt des Taros" zu deuten." (15)

Hierbei geht es ganz zweifelsfrei um das „Tarodunum" von Kirchzarten.
Denn schon Ptolemäos, der griechische Geograph und Geschichtsschreiber hatte bereits im 2. Jahrhundert nach Christus bis auf wenige Bogenminuten Fehler „Tarodunum" mit 47° 50` nördlicher Breite; -statt richtig 47° 58`(Kirchzarten)- und daneben Rottweil, Arae Flavae mit 48° 00`; -statt mit 48° 09`-; angegeben. (15)
Claudius Ptolemäus, griechisch: Klaudios Ptolemaios, lebte ca. von 100-160 nach Christus. Er wurde in Oberägypten geboren und starb in der Nähe von Alexandria. Ptolemäus war Astronom, Mathematiker und Naturforscher. In seinem Werk „Geographia", eines seiner 8 Hauptwerke, wurden vorwiegend astronomische Lagebestimmungen von 8 100 Orte der in der antiken Welt bekannten nördlichen Ökumene benannt. Am Chorgestühl des Ulmer Münsters wurde von Jörg Syrlir dem Älteren eine Holzbüste von Claudius Ptolemäus geschaffen (1469-1474). (6)

Das „Tarodunum" von Riedlingen ist also hier in den antiken Geschichtsschreibungen des Ptolemäus, die etwa auf das Jahr 150 nach Christus datiert werden können und vor allem durch die präzisen geographischen Angaben ausgeschlossen.
War in dieser Zeit das Tarodunum von Riedlingen schon abgegangen?

Der Interpretation des Wortes „Tarodunum" als „Burg/Stadt des Taros", wie sie Herr Mangei vertritt, kann ich mich trotzdem nicht anschließen.

Vielmehr leite ich die Interpretation, zumal, wenn der Name auch hier an der Donau genannt wird, -was natürlich allein nicht gegen eine zweite „Burg/Stadt des Taros" spräche-, davon ab, dass die Lebens- und Siedlungsbedingungen am Wasser für die Namensgebung ausschlaggebend gewesen sein müssen, wenn wir weiter zu „Tarodunum" am Haus Bartholomä stehen.
Am Wasser aber ist das Wichtigste der „ewige" Kampf mit dem Hochwasser.

Dabei ist das oberste Gebot: Die Natur hat immer Recht und der Mensch muß sich demütig anpassen. Dazu wiederhole ich noch einmal das Zitat des Arztes Hippokrates:

„Die Natur ist von keinem belehrt und weiß doch immer das Richtige"

Hochwasser in Riedlingen 1990 (RP)

Eine Siedlung am Wasser ist deshalb nur möglich

a.) mit Pfahlbauten. Das ist die bekannteste Form. Bekannt vom nahen Federsee und von den Bodenseeufern, zum Beispiel durch die steinzeitliche Pfahlbausiedlung von Bad Buchau und Unteruhldingen. (s. Museen)

b.) mit Hochwasserschutzdämmen, wie es wohl hier in Riedlingen war und wie ich es in diesem Buch noch ausführlich darstellen werde.

c.) auf „Hausbooten" wie es sie in archaischer Form z.B. noch in China und Thailand gibt.

d.) auf dem Schilf, wie die „Uros", die Bewohner des Titicacasees im Andenhochland von Peru. Die Menschen dieses Volkes leben in Schilfhütten auf dauerhaften Schilfinseln, die jährlich aufgebessert und aufgefüttert werden. Sie benützen ausschließlich aus Schilf gebaute Boote mit einem schmalen, langen Doppelpaddel aus Holz.

Der „ewige" Kampf mit dem Hochwasser, so wie diese von Kinderhand gebaute Sandburg an der Riedlinger Donau bei der „Rauhen Rampe" (vormals „Fallenstock"), Sommer 2007 zeigt. (Si

Meine Folgerung des Wortes „Tarodunum".
Für die Interpretation des Wortes „Tarodunum" nehme ich Bezug auf die Siedlung am Wasser und den Schutz der Häuser vor dem Hochwasser. Denn dies ist das Charakteristikum und damit das Kennzeichnende dieser Orte:
Mit meinem heutigen Wissen bedeutet für mich also

„Tarodunum": namhafte Siedlung, umgeben und aufgewertet mit einem Hochwasserschutzdamm aus Flusssand und Geröll.

Worauf stütze ich diese These?

Offensichtlich handelte es sich bei den Baumaterialien nicht um hartes Gestein, sondern um weiches Material, denn aus dem Wort „Zarten" ist sicherlich auch das Wort „zart" abgeleitet. Fluviale Sedimente, wie sie hier an der oberen Donau der Fluss als Geröllgeschiebe mit sich führt, bestehen aus Schwemmsand und überwiegend Kieselsteinen.
An dem Zusammenfluss dreier kleiner Flüsschen im Zartener Becken, aus dem dann der Name „Dreisam" entstand, -der sich von „Dreisamkeit" ableitet -, dürfte es nicht anders gewesen sein und ebenfalls genügend Sand und Geröll als Baumaterial vorgelegen haben.
Zu „Taro" fällt mir das Wort „Tara", also das Verpackungsgewicht einer Ware wieder ein, mit dem dazu gehörenden Verb: „austarieren". Was besagt: wenn ich eine Ware mit einem bestimmten Reingewicht oder Nettogewicht von sagen wir einmal 3 kg betrachte und sie mit einem Verpackungsmaterial von 200 g umwickle, so zeigt die Waage insgesamt 3 200 Gramm an. Ich muss also auf der anderen Seite der Waage 200 Gramm zulegen. Ich muss diese Seite also mit 200 Gramm aufwerten. Oder anders gesagt, ich muss „austarieren", um das Gesamtgewicht, das „Bruttogewicht", der verpackten Ware korrekt anzuzeigen.
„Tara" ist also das Verpackungsgewicht.

„Taro“ leite ich von diesem Wort ab und bezeichne es als „Verpackungsmaterial“. Bei einer Siedlung in einem Hochwassergebiet ist die „Verpackung“ der Hochwasserschutzdamm, der die Siedlungshäuser vor dem Hochwasser schützt, sie „aufwertet“. Dieses Wort finden wir in späteren Sprachen vielfach als „Wert“-heim, „Wert“-ach, „Wörther“ –See ... usw. wieder, bis hin zu den bekannten Wortsilben wie „Württ-, Würth-, Wehr, Werr, Würde“,...(18) die dem griechischen Wort „uoros“ und dem lateinischen Wort „uro“ angelehnt sind. (S)

Letztlich muss ferner das von „Tarodunum“ abgeleitete Wort „Zarten“ seine Gesamtbedeutung behalten. „Zart“ und „Zärtlichkeit“ haben mit Sicherheit denselben Ursprung wie der Ort „Zarten“. Ähnlich, wie aus dem Lateinischen „lens, lentis“ = „sanft, leicht ansteigend, mild“ die geographische Bezeichnung „Linzgau“ hervorgegangen ist, so muss im Umkehrschluss die Bedeutung des Wortes „zart“ von „Taro“ auch bei unseren heutigen Interpretationsversuchen bestehen bleiben.

„Zärtlichkeit“ drückt die sanfte Berührung der Haut eines Menschen aus, die Zugang zur Seele öffnet. Die Haut wiederum ist das große Oberflächenorgan, die Hülle eines Menschen, quasi seine Verpackung.

Schwemmsand

„Dunum“, dieses Wort, beziehungsweise dieser Wortteil könnte einen keltischen Ursprung haben. Eine Anlehnung an das Lateinische ist aber auch hier wahrscheinlich und bedeutet für mich „Schwemmsand“. Schwemmsand sind die feinsten Partikel des Geröllgeschiebes der Flüsse. Diese werden an den Ufern abgelagert.

Die kalkreichen Gewässer der Schwäbischen Alb (Jura-Gestein) und die Endmoräne der Riß-Eiszeit (Kieselsteine) bilden große Mengen von Schwemmsand

im Raum Riedlingen. Ferner hat der Biberbach von Langenenslingen bis Altheim ein riesiges Plateau an Schwemmsand geformt, auf dem Teile der Gemeinde Altheim gebaut sind.
Dazu zitiere ich ungekürzt einen Abschnitt aus der „Sammlung geologischer Führer 67, die Schwäbische Alb und ihr Vorland" von Otto F. Geyer und Manfred P. Gwinner von Seite 114:

„Größere Sinterkalkvorkommen treten am Nordrand der Schwäbischen Alb fast ausschließlich in den Tälern auf, die obsequent verlaufen. Die Gewässer werden dort von Überlaufquellen des Karstes gespeist, die kaltes, hartes Wasser liefern. Anzuführen sind Echaz, Erms, Lauter, obere Fils und deren südliche Nebenbäche von Wiesensteig bis Geislingen. Die Donauzubringer Bära, Lauchert, Biber, Zwiefalter Aach, Große Lauter, Schmiech und Egau haben ebenfalls auf kleineren Abschnitten ihres Laufes Süßwasserkalke abgesetzt. Wo die Biber SW Riedlingen in das Donautal austritt, entstand ein weiter flacher Kegel von vorwiegend lockerem Sintersand, ebenso im Lauf der Zwiefalter Aach bei Zwiefaltendorf und der Egau bei Wittislingen." (8)

Über die vielseitige Bedeutung des Wortes „alt" und „altus" im Bezug zum Wasser lesen Sie bitte unter der Rubrik „Die Aachen".
Schwemmsand wird in Altheim und Riedlingen auch „Fegsand" bezeichnet. Es gibt heute eine relativ junge Narrenvereinigung in Altheim, die „Fegsand-Hexen".

Der feine quarzhaltige Fegsand wurde früher von den Altheimer Frauen und Männer zum Putzen, zum „Fegen" der Holzböden und Treppen verwandt und auf den Dörfern und Märkten der Schwäbischen Alb (z.B. Hayingen) verkauft.

Die Sandböden an der oberschwäbischen Donau sind wasserdurchlässig, sehr fruchtbar, ähnlich wie die Überschwemmungsflächen des Nil, und heute insbesondere geeignet für den Kartoffelanbau.

„Dunum“ bringe ich in Beziehung zu dem Wort „Düne“ und auch zu ‚durum“, dem lateinischen Wort für „hart“.
Aus dem Wortstamm „dunum“ dürfte das Wort „Düne“ hervorgegangen sein. Eine Düne ist eine „durch Wind gebildete Sandanhäufung“.

Wenn Wasser zu Eis gefriert oder wenn der Wind den Sand auftürmt, wird er fest und hart. So ist der kausale Bezug zum Lateinischen Wort „durum“ = „hart“ hergestellt.

Andererseits wird Lehm, der mit Wasser vermischt wird zunächst formbar. Wenn dieses Gemisch dann gestampft wird und man es austrocknen lässt, härtet es aus und wird zur Lehmmauer wie bei der marokkanischen Stadt Taroudant (S. 33) oder zum Beispiel zum Hochwasserschutzwall. Aus „dunum“ wird also „durum“.
Diesem Lehm-Wassergemisch wurde seit Menschengedenken als Härtungsmittel, quasi als „Zement“, Ziegen- oder Schafsmist und Stroh beigemengt.
Eine Steineinbringung in diese „Lehm-Stampf-Mauer“ schließlich macht daraus eine harte Mauer, aus der dann eine Stadtmauer oder eine Verteidigungsmauer, eine Festung (durum), werden kann.

Zusammenfassend kann ich also sagen: einerseits ist eine Burg oder eine Stadt, die auf einem Fels gebaut wurde und/oder mit einer mächtigen Steinmauer umgeben ist, eine Feste oder eine Festung. Andererseits ist ein Wall für eine Stadt aus Lehm, Sand und/oder Geröll zum Hochwasserschutz weich, nachgiebig, also zart, dünenartig. Nur so ist für mich der Begriff „Tarodunum“ sinnvoll.

Nebenbei bemerkt hat sicherlich auch das alte, schöne schwäbische Begriffspaar „dur (r)um“ und „dur num“ damit etwas zu tun. „Dur (r)um“ bedeutet: „ganz herum“, „ganz umgeben von“ und zwar von rechts her, von der harten Seite her. „Dur num" bedeutet ebenfalls: „ganz herum", „ganz umgeben von" aber von links her, also von der weichen Seite aus, von der Seite des Herzens.

Wo war das „Tarodunum" von Riedlingen?

Wenn wir davon ausgehen, dass die Gründung der Siedlung „Tarodunum" in die Blütezeit der circa 5 Kilometer Donau aufwärts gelegenen „Heuneburg" bei Hundersingen fällt, so darf man die günstigste Stelle für eine Schiffslände oder „Hafenstadt" suchen, die eine Nutzung der Gewässer zuließ.
Die günstigste Stelle dafür finden wir 1 Kilometer flussaufwärts der Weiler-Vorstadt Riedlingens beim heutigen Flugplatz und an der Heuneburg selbst, ca. 100 m flußabwärts der Burg.

Vor der Donauregulierung im Anfang des letzten Jahrhunderts war die Donau südlich von Riedlingen etwa 20 Mal so breit wie heute. Dem entsprechend war der Wasserstand im Normalfall, also außer bei Hochwasser, sicherlich auch deutlich niedriger.
Die Bodenbeschaffenheiten im Gewann „Niederwiesen", wie der Gewannname dort lautet, („nieder" vom Wasser oder von Altheim = altus, - also höher gelegen-, aus gesehen) weist Spuren von 2 Dämmen auf die sogar als Furt weitergeführt worden sein könnten. (s. Bild S. 46)
Zum anderen ist die Biber, der bedeutende Fluss, der von Altheim herab kommt, gut nutzbar. Was wir daran erkennen können, dass die Biber auf ihrem 5 Kilometer kurzen Lauf 7 Mühlen antreibt.

Die ersten Siedlungsspuren von Riedlingen

Ihre Einmündung in die Donau lag vor der Regulierung ungefähr 300 Schritt weiter westlich wie ihre heutige Einmündung. Andererseits war die Donau 20

Einer der alten Dämme (S)

mal so breit wie sie heute ist und demzufolge befand sich die Einmündung der Biber auch circa 300 Schritte weiter südlich vom heutigen Donauufer (vom Hangar des Segelflugplatzes) aus betrachtet.

Scherbenfunde an der ehemaligen Bibermündung (S)
(leider neuzeitliches Verfüllungsmaterial wie die Expertise beim LA für Denkmalpflege ergab)

Eindeutige Hinweise für wallartige lineare Strukturen im Gewann „Niederwiesen" lassen sich sowohl bei einer Begehung des Geländes, als auch auf Luftbildaufnahmen, die ich dankenswerterweise vom Regierungspräsidium Tübingen, Referat Denkmalpflege, zur Verfügung gestellt bekommen habe. Der Betreuer des Luftbildarchivs, Herr Eugen Klein, schreibt mir dazu:

„Beschreibung des Objekts; Luftbildbefund 1995: Wallartige lineare Strukturen als Bewuchsanomalien im Wiesenland nördlich des Biberbaches (auch „Biberach" genannt). Außerdem sind Senken und Altwasserschlingen in der Donauniederung an Bewuchsanomalien und Überflutungsmerkmalen erkennbar."
Quelle: Luftbildarchiv, Aktenzeichen L7922/116-05; Meldedatum: 27.01.1995

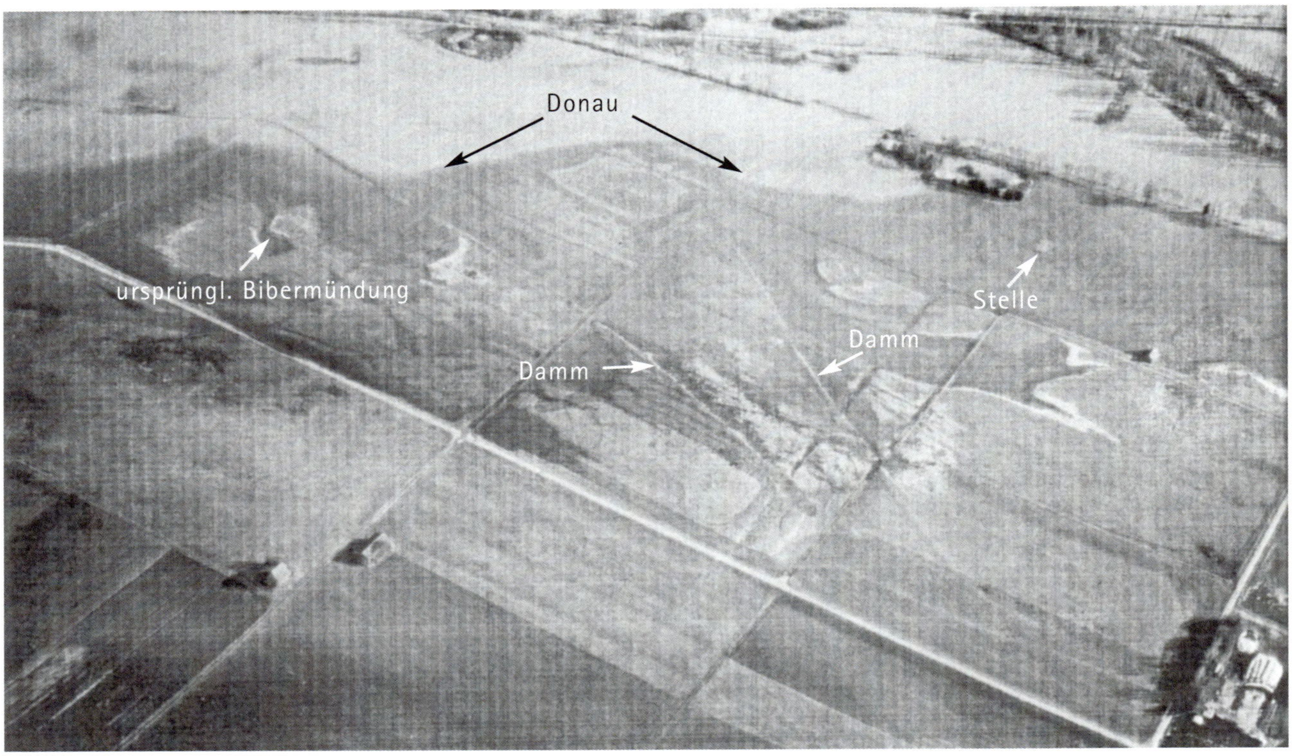

Quelle: Luftbildarchiv, Regierungspräsidium Tübingen (RPD)

Diese Luftbildaufnahmen zeigen die ursprüngliche Bibereinmündung und die wesentlich, circa 20x breitere Fläche, die die ursprüngliche Donau vor ihrer

Begradigung und Eindämmung, wie wir es heute vorfinden, einnehmen konnte. Vom Gewann „Niederwiesen" bis zum Gewann „Roden" scheint mir dieses Gebiet für Fundstellen gut zu sein.
Hier ist auch zu berücksichtigen, daß zwei Drainagekanäle verlegt sind.
Ein weiterer markanter Punkt ist *„die Stelle"*. Das ist eine offene Wasserstelle. Das Wort „Wasser" wurde hier bei der Bezeichnung einfach weggelassen, weil dies ja sowieso immer gemeint ist. Durch einen kleinen Erdfall kommt die Wasserschicht zu tage. Es handelt sich dabei um Grundwasser. Hier konnte also ohne Brunnen Wasser geschöpft werden.

Ein weiterer bemerkenswerter Punkt ist das südwestliche Eck der eingezäunten Wasserpumpstelle „im Roden". Die heutige Wasserentnahmestelle für die Stadt Riedlingen befindet sich hier. Das Trinkwasservorkommen ist in geringer Tiefe und ohne großen Aufwand gewinnbar. An diesem interessanten Punkt finden sich Siedlungsspuren.

Haben also die Kelten hier an der Mündung der „Biber" ihre Waren umgeschlagen? Wurden auf einfachen Schiffen auch bereits Güter vielleicht sogar vom Schwarzen Meer bis hierher die Donau herauf gezogen?
War hier eine Schiffslände?

Ich meine „Ja" und wünsche den Archäologen eine glückliche Hand, wenn sie hier in diesem Gebiet nach „Tarodunum" suchen.

Mehr zu diesem Thema finden Sie unter der Rubrik „Keltische Flussschiffahrt".

Die erste (Hochwasser-) Sünde von Riedlingen

Der erste Hochwasserdamm im Überflutungsgebiet der Donau ist zugleich die erste „Hochwassersünde" Riedlingens.

Diese Aussage ist zunächst schwer verständlich. Bei geringem Hochwasser sind die Dämme natürlich geeignet, das Wasser von den Häusern fern zu halten. Wenn das Hochwasser jedoch auch die Dammkrone erreicht bedeutet dies, dass jegliches, in den Überflutungsbereich hinein gebrachte Baumaterial, egal für welchen Zweck, eine Verdrängung des Hochwassers zur Seite und nach oben zur Folge hat. Dadurch verschärft sich die Überflutungssituation. Die Überflutungsflächen gehören nun einmal ausnahmslos der Donau.

„Kein Problem auf der Welt kann mit derselben Einstellung gelöst werden, mit der es entstanden ist"
(Albert Einstein 1879-1955)

Die Landwege der Kelten

Die wichtigsten Verbindungen schon in der Keltenzeit auf dem Land waren wiederum die Verbindungen zwischen den Flüssen. Einmal vom Hochrhein vielleicht über die „Owinger Steige" zum Kehlbach bei Pfullendorf und von dort über die Ablach zur Donau.
Die zweite Verbindung zwischen Rhein und Donau führte vom Neckar über das Killer-Tal zur Donau. Der Weg ging am Kornbühl, auf dem heute die Salmendinger Kapelle steht, vielleicht Richtung Geisingen und dann ins Friedinger Tal. Oder über den Ort Killer und Starzeln nach Burladingen und über die Fehla und die Lauchert an den heutigen Orten Hettingen, Veringendorf und Sigmaringendorf vorbei zur Donau.
Zum Einen wurde vermutlich Salz von Stetten bei Haigerloch und zum Anderen Waren vom Neckar über die Eyach bis Stetten bei Haigerloch transportiert.

Killer

Das Wort „Killer“ ist uns allen ein Begriff. Es heißt aus dem Englischen übersetzt: „Mörder“. Jedoch gehen die Wurzeln dieses Wortes auf die Sprache der Kelten zurück. Dieses Wort „Killer“ setzt sich aus den keltischen Wörtern „kill“ und „ar“ zusammen. „Kill“ ist der „Weg“ und „Ar“ ist das Wasser, wie wir bereits wissen. Aus „Kill-ar“ wurde „Kill-er“. „Killar“ ist also der „Weg am Wasser“ und vermutlich auch der „Weg zum Wasser““ und der „Weg zwischen zwei bedeutenden Flüssen“. Für den Mörder, also den „Killer“ ist der „Weg zum Wasser“, der Weg zum „Wasser des Lebens“, zum Blut, zum Herzen. So wichtig, also lebenswichtig war im Umkehrschluss den Kelten das Wasser, dass sie es mit „dem Wasser des Lebens“, mit dem Herzen gleichgesetzt haben. Die Kelten verehrten ja viele so genannte „Wasserheiligtümer“.
Ein dritter Weg zwischen Neckar und Donau führte die Kelten über Bad Urach und wahrscheinlich durch das Lautertal zur Donau.

Pyrene

Wenn wir der These Prof. Gerlachs nachgehen, dass es sich bei der Fürstenstadt der Kelten hier an der Heuneburg um die von Herododt beschriebenen Stadt „Pyrene“ an der Quelle des Istros, also der Donau handelt, so dürfen wir nicht warten, bis jemand aus der Ägäis uns sagt, wo und was der Begriff bedeutet. Wir müssen uns selbst auf die Suche machen, die Antwort zu finden, warum Herodot diese Stadt „Pyrene“ genannt hat. (5)
In dem Wort „Pyrene“ steckt das griechische Wort „pyros“. Und „Pyros“ bedeutet „Feuer“.
Zunächst scheint das ja nun wenig Sinn zu machen, eine Stadt „Feuerstadt“ zu nennen. Denn Feuer würde ja alles verbrennen und zerstören.
Wenn wir aber einmal den Gedanken umwandeln und uns fragen, wozu brauchte man früher das Feuer? Oder: was konnten die Kelten mit Feuer machen?

Und: Wo gibt es heute noch Hinweise, auf die Anwendung des Feuers? Dann plötzlich beginnt die Bezeichnung „Pyrene" allmählich Form anzunehmen und Sinn zu machen.
Wir formen also gezielt um und sagen:
„Pyrene - ... die mit dem Feuer schufen".

Hier in diesem Buch, an dieser Stelle wollen wir erst einmal nur diesen Gedanken mitnehmen. Ich mache nur kurze Ausführungen dazu:

Hier an der Heuneburg war die Eisenerzproduktion das bedeutende Handelsgut. Dazu brauchte es Holzkohle aus Meilern und Hochöfen zum schmelzen der Eisenerzbarren. In diesem Buch ist uns die Bedeutung der Donau als Transportweg viel wichtiger. Zum Beispiel dürfte der Transport für die spitzen Eisenerzbarren in der Keltenzeit ähnliche Bedeutung gehabt haben, wie der Salztransport in Hallein. Auch der Ort Laucherthal an der Lauchert bei Sigmaringendorf, in dem sich die „Fürstlich hohenzollerischen Hüttenwerke (FHH) Laucherthal " befinden, also heute noch eine Eisen verarbeitende Industrie beheimatet ist, hat in seinem Namen den Wortteil „... hal". Das ist nicht etwa ein Schreibfehler, der selbst dem Schreibprogramm meines Personal Computers nicht gefällt. Wie in dem Ortsnamen „Hallein" oder „Schwäbisch Hall" oder „Hallstadt" bedeutet das Wort „Hal" „Bergwerk". Davon leitet sich auch das Wort „die Halle" ab. Im Tal der Lauchert befand sich also ein Bergwerk. Und das ist richtig. Wenn man vom nahen Veringendorf an der Lauchert nach Inneringen fährt, findet man neben Keltensiedlungen auf dem Berg oben die Reste eines alten Erzgruben Bergwerkes.
Eine besonders bedeutsame Nutzung der Zillen war auf der Salzach bei der Stadt Hallein in Österreich, nahe Salzburg. Die flachen Zillen werden dort „Plätten" genannt. Sie wurden für den Salztransport genutzt. Diese Fahrten der

Zillen Salzach abwärts zur Isar hatten einen eigenen Namen. Sie wurden „Hallfahrten" genannt. Dies beweist uns:

Wir dürfen die Bedeutung der Schiffe nicht zu gering achten.

Im Museum in Hallein bei Salzburg in Österreich ist die Geschichte der Salzgewinnung und der Schifffahrt, die dort bis in die Zeit der Römer und der Kelten zurückverfolgt werden konnte, dargestellt. Hier an der oberen Donau waren es vermutlich die spitzen Eisenerzbarren.

Keltische Spitzbarren, 19. Jh. (S)

Wir müssen nun wieder zurück zur Frühgeschichte der Stadt Riedlingen.

Römische Besiedelung, Römische Zille ? Um 65 nach Christus

Hinweise für eine römische Besiedelung etwa um das Jahr 65 nach Christus gibt es bisher nicht. Sie ist aber nicht ausgeschlossen. Die Nennung des „Römerweges" im Oberried sei als erster Hinweis auf römische Spuren angeführt.

Die Römerstraße führte von Hundersingen kommend unter der Heuneburg vorbei östlich der Donau, um in Riedlingen "am Vogelberg" an Höhe zu gewinnen. Hier war im Bereich der Stadt Riedlingen vielleicht ein Zubringer, der in der Bezeichnung „Römerweg" sein bleibendes Denkmal hat. Spärliche Funde aus der Römerzeit lassen sich im Museum „Schöne Stiege" des Altertumsvereins besichtigen.

Es ist aber auch durchaus möglich, dass die Römer eine Furt von Altheim über die Donau zur Insel im Bereich Naturschutzgebiet „Ofenwisch" und von dort durch eine weitere Furt über die Donauaufspaltung, die zum heutigen „Kanal" ausgeweitet und begradigt worden ist, benutzt haben. Eine Furt im Gewann Unterwasser steht ebenfalls zur Diskussion. Anfänglich war ja die Donau bekanntlich Grenzfluss des späteren Römischen Reiches (Imperium Romanum). Einzelne Funde römischer Legionen, zum Beispiel eine Trense aus der Donau, sind vorhanden.

Um 65 unserer Zeit ist römisches Militär in Mengen-Ennetach (empfehlenswerter Besuch im Römer-Museum), in Rechtenstein (Römer-Turm) und Emerkingen (Römer-Turm) stationiert gewesen.

Haben auch die Römer Schiffe auf der Donau benutzt?

Ein wichtiger Begriff deutet darauf hin. Das Wort „Zille" dürfte sich von dem lateinischen Wort „navicilla" ableiten. „Navicilla" ist der Diminuitiv, also die Verkleinerungsform von „naviculum". „Naviculum" ist das Schiff.
Haben wir also die Zillen den Römern zu verdanken? Das ist durchaus möglich. Die Römer hatten ihre Schiffe, wie unsere Zillen, mit Brettern gebaut. Dies belegen Schiffsfunde vom Rhein aus Mainz und neuerdings (Dezember 2007) aus Köln. Am Rhein wurden größere Schiffe gefunden. An der oberschwäbischen Donau und ihren Nebenflüssen waren kleine Zillen zu Hause.

Weitere Hinweise für die Anwesenheit der Römer in unserem Raum finden wir in Resten einer römischen Mauer am Ortsausgang von Langenenslingen Richtung Billafingen und eine weitere Römerstraße, die von Andelfingen über Pflummern und am Trauf entlang des Tautschbuches verlief.

Hruodininga 835 n. Chr.

Haus Bartholomä in der Lange Str. 16; „Heiligkreuztaler Stadthaus" (SD)

Unter dem Namen „Hruodininga" wird das spätere Riedlingen erstmals 835 urkundlich erwähnt.
Dazu zitiere ich aus der Oberamtsbeschreibung, präzise, aus der „Beschreibung des Oberamts Riedlingen". Herausgegeben vom Württ. Statistischen Landesamt, Zweite Bearbeitung, Stuttgart, Verlag von W. Kohlhammer 1923: (24)
Da heißt es auf Seite 585 und 586:

„Der Name R.1) (835 Hruodininga, 1247 Ruodelingen, vom PN [Personennamen Anm. Verfasser] *Hruodin) erscheint zum erstenmal in einer Urkunde vom 30. Sept. 835, in welcher König Ludwig der Deutsche seinem Kanzler, dem Abt Grimald (von Weißenburg i. Els.) eine Schenkung seines Vaters, des Kaisers Ludwig des Frommen, bestätigt. Als Gegenstand dieser Schenkung erscheint Besitz in den zum Affagau gehörigen Orten Altheim, R., Waldhausen und Ostheim, wobei u. a. Häuser und Knechte, auch Mühlen, eingeschlossen waren; wie der Kaiser zu diesem Besitz kam. Wie er sich über die Orte verteilte, erfahren wir nicht. Grimald muß diesen Besitz dem Kl. Reichenau, wo er die Schule besucht hatte, übergeben oder hinterlassen haben; denn im Archiv dieses Klosters (wo Grimald niemals Abt war), ist uns die Urkunde von 835 erhalten; sie galt schon früh als Grundlage für die Beziehung der Reichenau zu den genannten Orten 1)."*

1) Wirt. 1, 109. Böhmer, Reg. Imp. I (1908) S. 568. Brandi, Quellen 1,4. Zu Grimald Allg. D. Biogr. 9, 701. (Nicht hierher, nach der Stellung in der Urk., Rodelingen in der Fälschung „843"; Wirt. 1, 125; auch nicht 1231, ebd. 3, 295).

Ich zitiere weiter:

„Eine Lücke von mehr als 400 Jahren trennt diese erste Nachricht von den nächsten. Im Jahre 1247 wird R. unter den Orten (villae) mit Heiligkreuztaler Besitz genannt. 1251 wird hier eine Urkunde für Kloster Salem ausgestellt. Am 22. Juli 1255 schenkt Graf Wolfrad von Veringen dem Kl. Heiligkreuztal als freies Eigentum eine Hofstatt in der Stadt R. (in civitate Ruedilingen) mit dem Haus, das auf dieser Hofstatt erbaut ist, sowie eine Wiese" 2). Von jetzt an haben wir eine fortlaufende, vom Beginn des 14. Jahrh. an gute, urkundliche Überlieferung.

2) Wirt. 4, 166; 5, 116; Z.G.O.Rh. 35, 307. (24)

Urkunde im kleinen Sitzungssaal des Rathauses in Riedlingen

(S)

Fortsetzung des Zitates:

„Über die Entstehung der Stadt haben wir keine ausdrückliche Nachricht und wir können dafür nur aus Rückschlüssen und Vergleichungen Anhaltspunkte gewinnen. Unsere Städte sind Gründungen des Hochadels, der sich in ihnen gesicherte Mittelpunkte gewerblichen Lebens schaffen wollte. Bei R. kommt als Gründer nur der Graf v. Veringen in Betracht, in dessen Hand die Stadt anfangs erscheint. (Anm. von H.-P. Schrei-

jäg: Wolfrad von Veringen) Es ist anzunehmen, dass die Stadt nicht lange vor 1255 gegründet war; sie hätte sich schwerlich lange unseren Blicken entziehen können 3). Die Mitte des 13. Jahrh. War überhaupt die Zeit, in der solche Gründungen in großer Zahl erfolgten."

3) Vgl. die Bemerkung bei Gallus Öhem (S. 277).

Weiter steht in der Oberamtsbeschreibung:

„In der Regel lehnen sich die Städte an eine schon vorher bestehende Siedlung an, etwa an eine Burg ihres Gründers, wie Stuttgart, Urach oder an ein Dorf. In R. wird noch jetzt ein Teil der Stadt als Weiler bezeichnet. Der Stadtplan gibt uns Aufschluß über das Verhältnis der Stadt zum Weiler. Er gewährt nur beim ersten Anblick ein einheitliches Bild. Der nordöstliche Teil der heutigen Stadt unterscheidet sich durch die Regelmäßigkeit der Anlage vom südwestlichen. Dort haben wir eine Anzahl paralleler Straßen, von kurzen Querlinien im rechten Winkel durchschnitten; die Häuser stehen in einheitlicher Front gleichmäßig da. Im SW dagegen unregelmäßige Gassen, formlose Häuserblöcke ohne Plan und Ordnung. Die Grenze ist scharf und unverkennbar; sie zieht sich vom alten „Weibermarkt" nach NNW. Wo sie beim alten Spital auf die Stadtmauer trifft, zeigt auch diese eine Naht Von der Nordostecke der Stadt kommt sie in gerader Linie; hier aber springt sie um einige Meter vor, um dann mit einigen Ecken und Kanten zur Donau weiterzuziehen. Der obere Teil der Stadt ist eine für sich abgeschlossene Größe." (24)

Soweit das ausführliche und wichtige Zitat aus der Oberamtsbeschreibung von 1923.

Ofenwisch um 1840 (A)

(A)

Ludwig der II., der Deutsche

Ludwig der Deutsche war der dritte Sohn von Ludwig dem I. und Enkel Karls des Großen. Er wurde 804/806 geboren und starb am 28.8.876 in Frankfurt a. Main. 817 erhält Ludwig in der Nachfolgordnung seines Vaters Ludwig des I., des Frommen, das Unterkönigtum Bayern, das in der Folgezeit zu seiner Machtbasis wurde. (6)

Ludwig der I., der Fromme

Wer nun war Ludwig der I., der Fromme, der Vater des Ludwig des II., der auch Ludwig der Christ genannt wurde?
Ludwig I. war Römischer Kaiser, Herrscher. In Frankreich wurde er „Louis de Pieux", also „Ludwig des Friedens" genannt. Geboren wurde Ludwig 778 nach Christus in Chasseneuil-du-Poitou bei Poitiers. Er lebte bis am 20.06.840 und starb bei Ingelheim am Rhein. Ludwig war der dritte Sohn Kaiser Karls des Großen. Bereits 781, also als 3-jähriger wurde er in Rom zum König von Aquitanien gekrönt und gesalbt. 813 wurde er von seinem Vater, Karl dem Großen in Aachen zum Mitkaiser ernannt. Ludwig der I. erließ 817 eine Erbfolgeregelung (Ordinatio imperii), um die Einheit von Reich und Christenheit gegen das fränkische Teilungsprinzip zu sichern. (6)

Karl der Große

Es führen also indirekt Spuren Karls des Großen nach Riedlingen.
Das verwundert nicht, denn auch auf dem Bussen war Karl der Große zugegen. (In der Bussen-Kirche hinten links). Und seine Vorliebe für die Flüsse, wohl besonders auch der Donau, ist unter anderem aus dem Bau der „fossa carolina" zu erkennen. (18) Karl der Große hatte bereits begonnen eine Wasserstraße

zwischen Rhein-Main und Donau, dem Vorläufer und Vorbild des heutigen Rhein-Main-Donau-Kanales bauen zu lassen. Hierin darf man erkennen, wie sehr die wirtschaftliche aber wohl auch strategische Bedeutung der Gewässer und besonders der Donau mit der Verbindung zum Schwarzen Meer politisch und militärisch von Bedeutung war.

Karl der Große Bussenkirche (S)

Karl der Große wurde am 2.4.747 n.Chr. geboren. Er stammte aus dem Geschlecht der Arnulfinger, das dann nach Ihm als Karolinger umbenannt wurde. Karl war ein Sohn Pippin des III. , des Jüngeren und seiner Gemahlin Bertha (Bertrada). Karl übernahm 768 die Herrschaft im Frankenreich zusammen mit seinem Bruder Karlmann. Nach dessen Tod 771 regierte er alleine weiter. Der erfolgreiche Krieg gegen die Langobarden (773/774) brachte ihm den Titel „König der Langobarden" (774) ein. Der Kampf gegen das arabische Spanien (778) führte zur Errichtung der Spanischen Mark. 781 setzte Karl seinen zweiten Sohn Pippin als König in Italien ein. Noch im gleichen Jahr gab er das Königreich Aquitanien, das er wieder mit dem Reich verband, eben seinem 3-jährigen Sohn „Ludwig dem Frommen".

Der Name „Karl" bedeutet im mnd. (mittel-nieder-deutsch) „Kerle", was „freier Mann" bedeutet. Es stammt vom ahd (alt-hoch-deutschen) „kar(a)l und heißt auch „Mann" und auch „Ehemann" und ist zugleich männlicher Vorname. Im Englischen und im Französischen hieß Karl: „Charles". Im Italienischen „Carlo", im Spanischen und Portugisischen: „Carlos". Er, Karl der Große, war Herrscher und „Römischer Kaiser", Kaiser des damaligen „Römischen Reiches". Offiziell wurde er „Karl I., und seit dem Jahre 800 Karl der Große", lateinisch „Carolus magnus" und französisch „Charlemagne" genannt.

Die Kriege mit den Sachsen waren die größte militärisch-politische Kraftanstrengung des Frankenreiches unter Karl I. Bedeutend war sein politisches Konzept: Verschmelzung antiken Erbes mit christlicher Religion und germanischer Gedankenwelt. Karl I. war für jede Art der Bildung aufgeschlossen. Er trug wesentlich dazu bei, dass das Christentum sich weit nach Norden und Osten ausbreiten konnte. Daher auch der Werdegang seines Sohnes Ludwig des Christen. Durch Akklamation, also ohne sein eigenes Anstreben, legte Papst Leo III. am 25. 12. 800 Karl den Kaisertitel zu und erkor ihn in Rom zum 1. Kaiser des Römischen Reiches Deutscher Nation. Er galt und gilt heute noch als einer der größten Herrscher Europas. Sein Sitz war Aachen. Nach seinem Tod am 28.01.814 wurde Karl der Große in der dortigen Pfalzkapelle beigesetzt. (6)(18)
Die Wege Karls des Großen führten ihn, so ist überliefert, natürlich auch nach Süddeutschland. (18) Er wurde ja schließlich auch in Rom zum Kaiser gekrönt und musste durch sein Franken-Reich dorthin gelangen.
Nebenbei sei noch angemerkt, dass seine Verordnung, „de hortibus", über das Anlegen der Gärten interessante Aspekte für Haus-, Kräuter- und Klostergärten beinhaltete.

Nach Darstellung der Oberamtsbeschreibung wird der Name des Weilers „Hruodininga" einem Personennamen (PN) „Hruodin" zugeordnet. (24)

Rudelingen 1255 n. Chr.

Die Gründung der Stadt zwischen 1247 und 1255

Zwischen 835 n. Chr. und 1247 klafft in der Geschichte der Stadt Riedlingen eine 400 jährige Lücke. Auch fehlen für diese Zeit Dokumente und archäologische Funde.
Die Reste des früh-mittelalterlichen Weilers „Hruodininga“ sind am westlichen Donauufer von der „Wasserschapfe“ bei der „Holzbrücke“ bis zur „Engel-Drogerie“ zu suchen. Heute noch besteht die Namensgebung „Weilervorstadt“ für die Häuser und Strassen in diesem Bereich. Eine Ansiedlung also, die außerhalb der Stadtmauer angelegt worden ist. Diese Bezeichnung dürfte mit dem ursprünglichen Ort „Hruodininga“ identisch sein. Entscheidend für die Siedlungsgründung war das Vorhandensein zweier Trinkwasser-Schöpfstellen. Das eine war, wie der Name sagt, die „Wasserschapfe“. Ein weiterer Brunnen war der „Badbrunnen“, der zum ehemaligen Badhaus, das ist die heutige „Engel-Drogerie“, gehörte.

In den untersten Kelleretagen der donaunahen Gebäude befindet sich häufig Grundwasser. Ein Phänomen, das auch von Häusern in der unteren Froschlache und in der Mühlvorstadt bekannt ist. Dieses Grundwasser, das neben der Donau und wohl auch, zumindest stellenweise, unter der Donau hindurch läuft wird durch die Last des Donauwassers, also durch den Druck der Donau in Hochwassersituationen komprimiert und zur Seite hin verdrängt. Da es aber zu den Kalkfelsen hin sich nicht mehr ausbreiten kann, steigt dieses, zurecht als „Druck-Wasser“ bezeichnete Grundwasser in die Keller der ufernahen Gebäude und quillt in den dortigen Kanalisationsschächten aus den Gullis.

Seuchenhygienisch betrachtet hatte dies wahrscheinlich zu einer Ausbreitung der Hepatitis A geführt. Solche Trinkwasserverunreinigungen waren in früheren Zeiten häufig. Die Hepatitis A führt zu einer relativ harmlosen viralen Leberentzündung, die folgenlos, auch schon bei Kleinkindern ausheilt und zu lebenslanger Immunität führt. Spätkomplikationen gibt es keine. Die Lebenserwartung wird nicht verkürzt, eher wahrscheinlich durch die Inanspruchnahme des Immunsystems verlängert.
Der Schwedenbrunnen ist vielleicht ein von den Schweden ausgebauter Brunnenschacht, der bis in die Tiefe reicht.

Ferner wird von 2 Durchgängen unter der Donau hindurch in mündlicher Überlieferung berichtet, die ebenfalls in diesem Gebiet zu suchen wären. Zum Beispiel hat das Haus Hammer (mit Cafe Hammer) einen dreigeschossigen Keller, der weit unter den Wasserspiegel der Donau reicht.

Zurück zur Geschichte unserer Stadt:
Bei der nächstfolgenden Dokumentation 1247 hat sich der Name des Ortes geändert. Aus „Hruodininga" ist Rudelingen" geworden.

Die Erhebung zur Stadt Rudelingen um 1255 n. Chr.

Ludwig der Christ schenkt Rudelingen an das Kloster Reichenau, A.Domini DCCCXXXII
„Heiligkreuztaler Stadthaus"

Von 1247 bis 1255 wurde von dem Fürsten „Wolfrad", der dem Geschlecht der „Veringer" angehörte, eine Stadt gegründet. Diese Stadt wurde „Rudelingen" genannt. Auf dem weißen Kalkfelsen über der Donau beim Wasserfall ließ er mit klarer geographischer Einteilung der Straßen die Stadt errichten. Sie wurde systematisch ausgebaut und mit einer hohen Mauer aus Kalksteinen eingefriedet.

Diese Stadt wurde örtlich neben und zeitlich nach dem bestehenden alten Weiler „Hruodininga" in siebenjähriger Bauzeit erbaut.

Ein Dokument über die Erhebung zur Stadt existiert meiner Kenntnis nach nicht oder nicht mehr. In den folgenden Dokumenten ab 1255 ist die Stadterhebung vollzogen. Übereinstimmend mit diesem Datum werden die Stadtfeste gefeiert.

Städtegründungen der Veringer

Riedlingen hat mehrere Schwesterstädte, denn neben Riedlingen haben die Grafen von Veringen die Städte Veringenstadt, Hettingen und Gammertingen, die alle an der Lauchert liegen, sowie die Städte Isny und Bad Buchau gegründet. (19) Im heutigen Landkreis Sigmaringen, etwa 16 km Luftlinie von Riedlingen weg, wurde Veringenstadt zeitlich vor Riedlingen als planmäßige Anlage der Grafen von Veringen im ersten Viertel des 13. Jahrhunderts unterhalb ihrer Burg am Flüsschen Lauchert gebaut. (8)

Die Burg konnte den Weg im engen, unausweichlichen Tal und den Wasserweg Lauchert, in die zuvor die von Burladingen kommende Fehla mündet, kontrollieren. Über die Fehla und das Killertal konnten Transporte vom Neckar, also auch vom Rhein und Salztransporte (s. u.) von Stetten bei Haigerloch ins Laucherttal und damit zur Donau gelangen. Diese Verbindung geht wiederum bis in die Keltenzeit zurück. Veringenstadt liegt 632 Meter über dem Meer, Riedlingen 550 Meter. Also fällt das Wasser von Veringenstadt, bis nach Riedlingen um 80 Meter. Ein bequemes Gefälle für die Schiffer.

Das Wappen der Stadt Veringenstadt und des dazugehörigen Dorfes Veringendorf zeigt drei rote Hirschstangen auf goldenem Grund. (8)

Wappen der
Stadt Veringenstadt

„Die drei Hirschstangen wurden wahrscheinlich infolge der Heirat einer Veringer Erbtochter mit einem Grafen von Württemberg - Grüningen am Ende des 12. Jahrhunderts vom Haus Württemberg übernommen. Später in den Farben unterschieden, aus den 3 roten Hirschstangen auf goldenem Grund wurden 3 schwarze Hirschstangen auf goldenem Grund, gelten die 3 Hirschstangen seither auch als württembergisches Stammwappen." (8)

So lautet das Zitat aus der Ortschronik von Veringendorf (8)

Das Wappen der Württemberger mit den 3 Hirschstangen ist also aus der Verbindung Veringen-Grüningen hervorgegangen. Detaillierte Nachweise über die Adelsverbindungen können wir auch bei Sönke Lorenz nachlesen. (14)

Wappen
der Württemberger

Eine Hirschstange bezeugt das „hohe Jagdrecht". Die Herren zu Veringen besaßen also das Recht, auf Hochwild, also z.B. Hirsche zu jagen. Drei Hirschstangen übereinander sagen nun aus, dass auf 3 Etagen, also in den Tälern (an der Lauchert, an der Donau), an den Hängen und auf den Höhen (der Schwäbischen Alb) gejagt werden durfte. Zum Jagdrecht in den Tälern gehörte auch das Fischereirecht. Dies ist an der Donau und an der Lauchert eine nicht geringe Einnahmequelle.
Im Gegensatz zum „Hohen Jagdrecht" stand das „Niedere Jagdrecht". Die Fürsten, denen das „Niedere Jagdrecht" zugeteilt wurde, durften Niederwild, zum Beispiel Hasen, Füchse und Wölfe jagen und daraus Einnahmen erzielen. Demzufolge waren die Wappen dieser Fürstengeschlechter mit den Insignien der Niederwildjagd, den Wolfsfallen, geziert.

Nun sind wir wieder in einem Ortsteil von Riedlingen angelangt. In Pflummern. Die ehemaligen Herren des Pflummerner Schlösschens, die Herren von Stein, führten dieses Wappen. Und heute noch ist das Wappen so vorhanden. Da die Adelsfamilie „von Stein" aus Rechtenstein stammten, ist natürlich auch dort das Wappen so gegliedert. Das Kreuz des Rechtensteiner Adels bezeugt zudem, dass die Ritter von Stein an Kreuzzügen teilnahmen, also Kreuzritter waren.

Wappen am Rathaus (S)
von Rechtenstein mit
Kreuz und 3 Wolfsfallen

Wieder zurück zur Geschichte von Riedlingen: Wann die Grafen von Veringen die von Ihnen gegründete Stadt Rudelingen an Habsburg verkauft haben (zwischen 1297 und 1303) lässt sich ebenso wenig ganz genau festlegen, wie das Datum der Stadtgründung selbst, die zwischen 1250 und 1255 stattfand, wie wir nun schon wissen. (3)
Oder, um die Geschichte der Gründung der Stadt Riedlingen mit den Worten des Historikers, Herrn Prof. Dr. Franz Quarthal zu sagen, wie er sie in seinem Festvortrag zur 750 Jahrfeier der Stadt darlegte:

„Der Schenker der Hofstatt in Riedlingen an das Kloster Heiligkreuztal im Jahre 1255 war Graf Wolfrad von Veringen. Da die Grafen von Veringen später die Stadt an die Habsburger verkaufen und die Hofstattzinsen an die Habsburger übergehen und dort im Habsburger Urbar verzeichnet sind, gibt es keinen Grund daran zu zweifeln, dass die Veringer auch die Gründer der Stadt Riedlingen waren."
... Hartmann von Württemberg (belegt 1194-1239) nahm eine Veringerin zur Frau .... Hartmann stattete seinen Sohn Konrad (bezeugt 1226-1228) mit dem um Grüningen (bei Riedlingen) beiderseits der Donau gelegenen veringischen Erbe aus. ... Wie wichtig den Württembergern diese Verbindung war, ersehen wir daraus, dass sie die veringischen Hirschstangen aus dem Wappen der Veringer für sich als eigenes Wappen übernahmen.
... Wenn man ein Fazit zieht, kann man feststellen, dass die Grafen von Veringen zu den wichtigen Städtegründern im Donauraum südlich der Alb gehören....." (15)

Genauso aussagekräftig, jedoch mit anderer Bedeutung ist das **Wappen der Stadt Riedlingen** aus der Gründerzeit.
Zunächst bestand das Riedlinger Stadtwappen nur aus den zwei gekreuzten Stechpaddeln.
Wolfrad von Veringen hat nun nicht etwa in Riedlingen das Wappen der Veringer übernommen, sondern der Bedeutung der Wirtschaft am Fluss wegen, Insignien der damaligen Wasserwirtschaft gewählt. Damit tritt die Bedeutung des

Transportwesens, würde man heute sagen, zu Tage. Es muss also von immenser Wichtigkeit gewesen sein, das Wappen und sicher auch die Siegel für den Zoll mit den gekreuzten Stechpaddeln zu markieren. Vermutlich ist es dem „Hohen Jagdrecht“ an Bedeutung nicht nachgestanden. Aus den Stechpaddeln im Wappen darf man nun natürlich billigend schließen, dass auch Lastenzillen dazu gehörten. Vergleicht man das Transportwesen als das Bedeutsame schlechthin mit unseren heutigen Bildern und Institutionen, so dürften die gekreuzten Stechpaddel zwar nicht einem Mercedes-Stern gleichbedeutend sein, jedoch zum Beispiel dem Fuhrpark der Firma Martin Baur in Binzwangen mit den blau-weißen Lastwagen, den heutigen Transportmitteln aus unserem Raum geähnelt haben.

Wappen der Stadt Riedlingen aus der Gründerzeit

Will man wiederum der Fassadenmalerei am Heiligkreuztaler Stadhaus, dem Haus Bartholomä Glauben schenken, so müssen die Stechpaddel bereits dem Weiler „Hruodininga“ und dessen urkundlich festgehaltenen Übergabe an das Kloster Reichenau durch Ludwig II., dem Sohn Ludwig des I., des Frommen mithin dem Enkel Karls des Großen und dem Jahre 835 nach Christi zugeschrieben werden.
Der Vollzug der Schenkung erfolgte durch den Kanzler Ludwig II., Abt Grimald von Weißenberg, Elsass.

Die systematisch angelegte Stadt in der Gründerzeit:

Am besten erkennt man die erste, die alte Stadtmauer, wenn man von der Ilgen-Gasse zum ehemalige „Spital zum Heiligen Geist“ aufblickt; - das ist die Süd-West-Ecke der Stadtmauer; - und nach Osten Richtung „Weibermarkt“ geht. An mehreren Stellen, meist in die Wände der Häuser integriert, sind Teile

Bildmitte: Ein Stück der alten Stadtmauer (S)

Ehemaliges Weilertor beim Wegscheiderhaus (S)

der Stadtmauer aus weißen Jura-Kalksteinen, die sicherlich vor Ort gewonnen wurden, zu erkennen. Zur Donau hinunter weitergehend, findet man unterhalb des „Wegscheider-Hauses", beim Blick Richtung Norden vom Narrenbrunnen

Feuerwehr-Museum (S)

Ehemalige Stadtmauer - Weilertor (S)

aus, den Torbogen und Reste des ehemaligen „Weiler-Tores". Daran fast anschließend, allerdings nur von Norden zu erreichen, im neuen „Feuerwehr-Museum" von Günther Hübler und an den dortigen angrenzenden Häuser sind weiterhin Teile der Stadtmauer sichtbar. Dort ist auch schön erkenntlich, wie die „gebankten", das heißt, geschichteten Kalke der Schwäbischen Alb heraus gebrochen worden sind und zu Kellern, Gängen, Mauern und Wegen weiterverarbeitet wurden. Vom „Feuerwehr-Museum" zieht die alte Stadtmauer am Haus „Optik Keller" und „Metzgerei Hagmann" zur Donau hinunter.

Der Weg außerhalb der Stadtmauer entlang heißt an dieser Stelle „Wasser-Stapfe". Gemeint sind „Stufen", die zur Donau hinunter führten. Dies ist bitte schön nicht zu verwechseln mit der „Wasser-Schapfe", also der Entrahmestelle von Trink! - Wasser unmittelbar südlich der Holzbrücke, stadtauswärts.

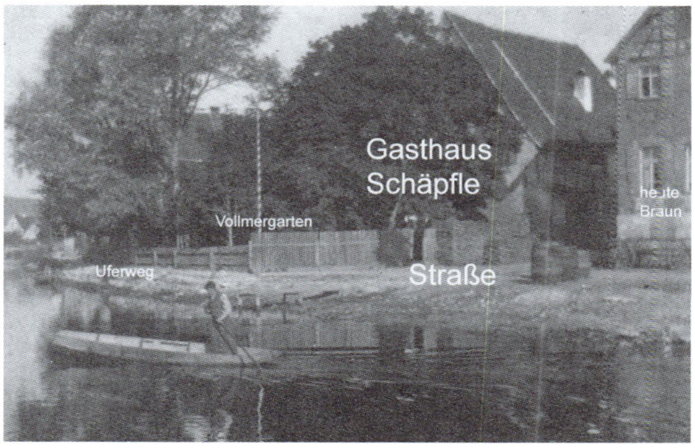

Donauquerung beim Vollmergarten um 1900 (A)

Die Wasserschapfe um 1900, heute Holzbrücke (A)

Abgegangen ist die „Wasserschapfe" und das daran anschließende Gasthaus „Schäpfle". Heute stehen dort Wellblech-Garagen. Das Grundstück gehört, durchschnitten von der Straße, die zur Holzbrücke führt, zum gegenüberliegenden, ehemaligen Bauernhof der Familie Braun.

Hochwassermarken am Eckpunkt der südlichen Stadtmauer am Haus des ehem. Scharfrichters Vollmar, heute Geiger (S)

Teil der ehemaligen Stadtmauer (Haus Hegar) (S)

Eingebaute Stadtmauer am Haus Maier in der Froschlache (S)

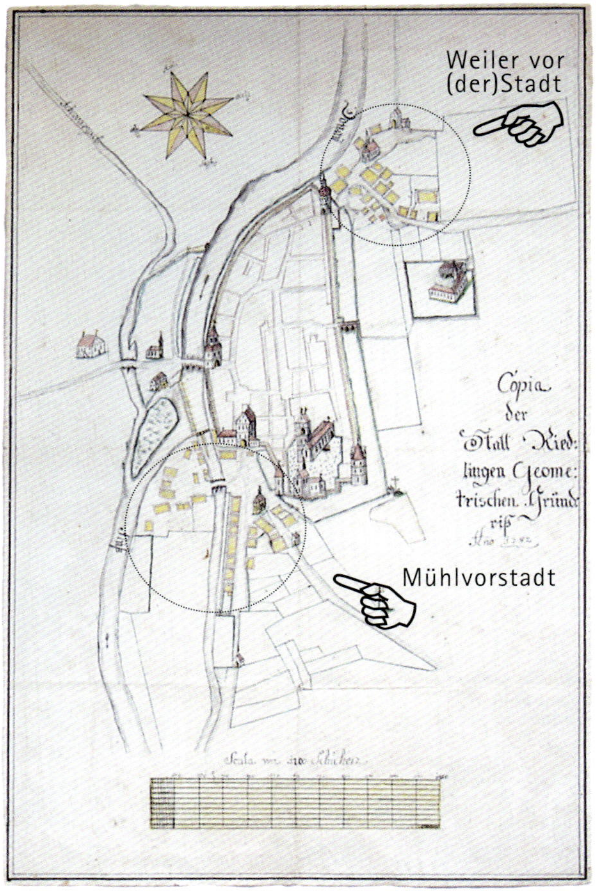

Stadtplan von Riedlingen, 1782 (A)

Der ursprüngliche Weiler „Hruodininga" ist, um es noch einmal zu präzisieren, hier in diesem Gebiet, zwischen der Einmündung des Färberbaches und der Wasserstapfe (Rückseite des Hauses Hammer), eventuell noch bis zur „Engel-Drogerie" zu suchen und reichte möglicherweise bis zur Weilerstraße hinauf. Das Zentrum des Weilers „Hruodininga" dürfte die Wasserschapfe, der Trinkwasserbrunnen, gewesen sein.

„Rudelingen" erhielt 1255 Stadtrecht. 2005 wurde das 750-jährige Jubiläum gebührend, mit würdigem Festumzug, gefeiert.

Fischerstechen bei der 700-Jahrfeier der Stadt an der Holzbrücke, 1955 (A)

„Rudelingen" 1255

1255 ist nun ein erheblicher Wandel im Charakter des Ortes, vom Weiler „Hruodininga" zur Stadt „Rudelingen" entstanden, der auch in der Namensgebung seinen Niederschlag fand.
Die Bedeutung der 1. Silbe des Wortes „Rudelingen" ist wohl von dem selben Wort „Hruodininga" abgeleitet.
Für mich ist es sehr verwunderlich, dass nicht der vermeintliche Personenname „Hruodin", des Gründers des Weilers fortgeführt wurde und dass auch nicht der Name des Stadtgründers „Wolfrad" gewählt worden ist. Die Abfolge in der Nomenklatur von (Tarodunum?) „Hruodininga" (835) über „Rudelingen" (1255) zu Riedlingen ist so nicht logisch.
So entsteht nur dann eine sinnvolle Interpretation, wenn man in „Hruodininga" und „Rudelingen" nicht jeweils einen Personennamen sieht, sondern eine Beschreibung des Charakteristikums des Ortes beziehungsweise der Stadt am Ried. Zur Erklärung schlagen wir dazu im Buch „Etymologie des Schwäbischen", Geschichte von mehr als 4 330 Schwäbischen Wörtern von Hermann Wax nach. Darin findet man auf Seite 318 der Ausgabe 01/2005 unter „rudlen":

(Ich erlaube mir den ganzen Wortlaut ungekürzt abzuschreiben, weil er für die Geschichte der Stadt Riedlingen von elementarer Bedeutung ist.)

... Die verschiedenen Verben, die von „rudeln" abgeleitet sind fallen zunächst auf. Dazu gehören „roden" (vergl. „Kartoffeln roden") „rodeln", „rudern", „rottlen" („sich lärmend fortbewegen", Wort in der Schwäbisch- alemannischen Fasnet). (18)

Somit geht sowohl das Verb „roden", als auch das Verb „rudern" aus der selben Wurzel hervor. Da jedoch im Wappen eindeutig Stechpaddel und keine Ruder abgebildet sind, kann man zu Riedlingen folgern, dass von geschichtlicher, siedlungsgeschichtlicher Bedeutung nur der Zusammenhang zu „roden" bedeutsam sein kann.

In diesen Kontext gehört auch der Gewannname „Im Roden" südlich von Riedlingen, der heute (fast möchte ich sagen: heute noch) eine Wasser-Entnahmestelle für das Riedlinger Trinkwasser beherbergt. Und der Gewannname Werten („Würdenhaken") auf Altheimer- Gemarkung südöstlich davon.

Was haben nun diese beiden Gewannnamen mit „Rudelingen" zu tun?

Trägt man, wie beim „Kartoffelroden" Erde von einem Hügel oder einer erhabenen Stelle ab, so spricht man von „roden". Dieses Wort findet man auch beim Einebnen eines Waldstückes durch Fällarbeiten. Trägt man anderer-

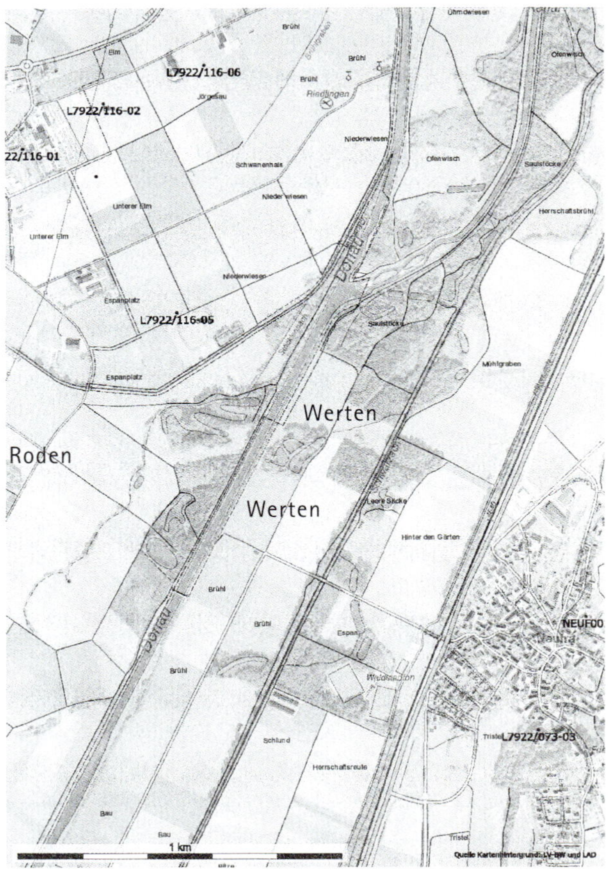

Gewannkarte (LV-BW)

seits nun diese abgetragene Erde an einer anderen Stelle wieder auf, zum Beispiel am Ufer eines Flusses, so spricht man dort von „aufwerten“. Es entsteht dort also ein Damm. Das alte Wort dazu ist „Wuhr“ oder „Würden“. Der „Würdenhaken“ ist also ein, mit einem Damm eingefasster, haken-, krampen- (wie an der Mosel, das Moselknie) oder Omega-förmiger Flussabschnitt, ein Flussmäander.
Bezieht man das Verb „roden“ nun auf den alten Stadtkern von Riedlingen, so bedeutet dies: Die abgetragene „Erde“ sind die abgetragenen (und zu Häusern und Stadtmauer wieder aufgeschichteten) Steine, die weißen, teils großen, teils kleinen Kalksteinblöcke des Felsens der Schwäbischen Alb, auf dem die Stadt aufgebaut ist.
Die frühere Stadtmauer schützte die donaunahen Häuser vor Hochwasser. Auch hier beschreibt also das ursprüngliche Wort „Rudelingen“ nichts anderes als das „Wie“ des Stadtaufbaues und das Aussehen der Stadt am Donauried.
Das genaue Datum der Stadterhebung ist, wie gesagt, nicht habhaft. Es wird zwischen 1248, besser 1253 und 1255 angenommen. Endgültig vollzogen ist die Stadterhebung 1255.

„Rudelingen“ 1303

Wichtige Veränderungen, der systematisch aufgebauten Stadt „Rudelingen“, ergaben sich bereits im Jahre 1303. Zu diesem Zeitpunkt, also bereits 48 Jahre nach der Stadtgründung, wird eine neue Stadtmauer sowohl im Süden als auch im Norden mit einer Erweiterung der Stadt und dem Aufbau einer neuen Mauer mit dem Zellemees-Turm nach Norden hin sichtbar. Im Zuge dieser Neubaumaßnahmen dürfte auch die Brücke über die Donau zur „Volksbank-Insel“ erneuert worden sein. Entstanden könnte sie schon früher sein. (3)

Ich denke schon zur Zeit der Kelten oder zumindest der Römer (ab 65 n. Chr.) an eine Überquerungsmöglichkeit.

Die einfachste Möglichkeit, ein Fließgewässer zu durchqueren, ist die Furt, dann kommen Trittsteine, eventuell unter zu Hilfenahme von Stützstangen. Das nächste sind Baumstämme und schließlich Stege. Die höchste Stufe sind Brücken mit Pfeilern im Fluss.

Trittsteine und Steintürme (S) (S.192)

Mit einer Brücke war es möglich die Donau nicht nur mit dem Schiff oder durch unterirdische (Flucht-) Kanäle zu überwinden. Der Eingang zur Stadt über diese Hauptbrücke, die sicher anfänglich in Holzbauweise erstellt worden war (s. Rehlinsche Karte), konnte durch ein Falltor verschlossen werden. Damit war die Donau nicht mehr nur trennend sondern auch verbindend „überbrückt", im wahren Sinne des Wortes.

Das entscheidend Wichtige bei allen frühen Brückenbauweisen war die Breite des Flusses, der feste, tragfähige Grund des gegenüberliegenden Ufers und die Länge der verwendbaren Baumstämme oder Balken. Da die Breite der Donau vor dem Tor der Stadt über 2 Baumlängen von jeweils 25 Metern lag, musste mitten im Fluss eine Verankerung, ein Pfeiler gebaut werden. Die übliche Baumlänge der Fichten in Deutschland liegt bei 25 Metern. Im Heiligkreuztaler Wald gibt es bis 40 Meter lange Fichten. Dieser Wald ist deshalb, insbesondere wegen des Brückenbaues an der oberschwäbischen Donau meines Erachtens von einer alles überragenden Bedeutung.

Die Frage bleibt:

Seit wann gab es Fichten im „Kreuztaler Wald? – Schon zur Keltenzeit?

Die Brücke von Rechtenstein

Die nächste Brücke war in dem ebenfalls von Kelten und Römern bereits besiedelten Rechtenstein.

Die Brücke von Rechtenstein, damals... (S)
(Bild mit Zille und Stechpaddel in der Bahnhof-Gaststätte in Rechtenstein)

und heute im Mai 2007 (S)

Die Einwohner sprechen nur von „Stein" (stoa). Der „Stein", genauer gesagt der „rechte Stein" (petrus rectus) ist ein einzig hier vorkommender großer Kalksteinfelsen mitten in der Donau. Hier also, wo die Donau ein zweites Mal durch die, teilweise im Erdinneren versunkenen Kalksteinreste der Schwäbischen Alb (Erdgeschichte), sich ihren Weg bahnte und noch heute bahnt, ist mitten im Fluss ein großer Kalkstein stehen geblieben. Dieser Stein wird bis heute als Brückenpfeiler benutzt. (s. Foto) Hier kommt die Wichtigkeit der Donau und deren Überquerung durch Brücken eindrucksvoll zum Vorschein. Das strategisch wichtige Rechtenstein war vor den Römern bereits keltisch besiedelt. In den Karstgesteinhöhlen mitten im Ort wurden Knochen von Bären gefunden. Das Wappen derer von Stein zeigt wie schon erwähnt drei Fußangeln von der Wolfsjagd über einem roten Kreuz auf silbernem Grund, Symbole für die Kreuzritter und für die Wolfsjagd. Auch hier ein historisch viel sagendes Wappenbild.

Zwischen diesen beiden alten Überwindungsmöglichkeiten der Donau liegt noch Zwiefaltendorf, das heute eine Brücke, früher aber eine Furt hatte. Daugendorf ist eine Ortschaft mit neuerer Brücke.

Wie war in Riedlingen der Aufbau eines Pfeilers mitten im strömenden Fluss von mindestens 1 Meter Wassertiefe und einer relativ starken Strömung auch bei niedrigstem Wasserstand im Spätsommer möglich? Vom angeleinten Boot aus vielleicht oder durch V-förmiges Umleiten des Wassers?
Die Antwort lautet:
Sowohl, als auch. Ein noch wichtigerer Aspekt auf die Antwort dieser Frage dürfte weiter stromaufwärts liegen. Unmittelbar nach dem Altheimer „Würdenhaken", einem heute stillliegenden Altarm der Donau und nach der Einmündung des von Altheim kommenden Biberbaches spaltet sich die Donau.

Zunächst erkläre ich das Wort „Alt" im Zusammenhang mit Bächen und Flüssen. „Alt" kommt vom lateinischen „altus" und bedeutet „höher gelegen".
Nun erkläre ich die Bedeutung dieser Flussgabelung unmittelbar nach der Einmündung des Biberbaches, auch „die Biber" genannt: Früher befand sich an dieser Stelle ein massives Wehr. Heute wurde dort wieder eine so genannte „Rauhe Rampe" von den Flussbauern eingerichtet (siehe Titelfoto). Dies war wohl auch der Zustand in frühester Zeit: Ein Flussabschnitt mit natürlich vorkommenden oder angeschwemmten großen Steinen an der sich der Fluss auch noch vor einer großen Insel, der heute größten Insel Riedlingens, dem Naturschutzgebiet „Ofenwisch", spaltet. Diese Steine können heute und konnten in der Vergangenheit umgelagert werden. Also konnte eine Seite des Flusses, zum Beispiel der stadtnahe Arm der Donau, der auf der linken Seite des „Ofenwisch" fließt, aufgetürmt werden und der andere Arm, also der heutige „Hochwasser-Kanal" relativ gesehen „überflutet" werden.
Somit war es möglich in dem relativ „trockengelegten" stadtnahen Arm bei

geringster Wasserströmung bauliche Maßnahmen zu treffen. Das Errichten eines Pfeilers mitten im Fluss-Bett oder das Versehen des natürlichen Kalk-Stein-Wasserfalles mit Beton-Platten und die Umwandlung zum „Streich-Wehr“ für die frühere Waag-Mühle war auf diese Weise möglich.
Ferner ließe sich sogar darüber nachdenken, ob die genannten Steine an der „Rauen Rampe“ nicht auch als „Trittsteine“ und damit als Passage verwendet worden sind. Unter Zuhilfenahme eines Holzstockes, zum Beispiel einer langen Astgabel (siehe Christophorus-Abbildungen S.36) durchaus denkbar.

Die „Entdeckung“ der Stechpaddel

Damit dürfte aber auch die „Entdeckung“ der „Stechpaddel“ vollzogen sein. Denn auf dem Schotter- und Stein- reichen Flussbett und dem kalksteinhaltigen Ufer und Wasserfall vor den Toren Riedlingens bot eine am Ende gespaltene Holzstange mehr Halt und Griffigkeit als ein einfaches oder planes Ende derselben. So dürfte sich aus der festen Astgabel alsbald das schwalbenschwanzartig gespaltene Stechpaddel ergonomisch herausselektioniert haben.

Riedlingen 1668

Spätestens 1668 wird unsere Stadt „Riedlingen“ genannt. Von den Hochwasser gesicherten Orten „Tarodunum“, „Hruodininga“ und „Ruodelingen“ ist es, von Seiten der Hochwassersicherung der Häuser wieder ein Rückschritt in der Charakterisierung der Stadt mit „Riedlingen“. Das dürfte aber der Siedlungsausbreitung durchaus gerecht geworden sein. Die Häuser wurden also wieder in Niveauhöhe des Wasserspiegels gebaut.
Ein Ried ist dadurch charakterisiert, dass das Wasser ohne Hemmschwelle, also ohne Hochwasserschutzdämme aus dem Flussbett austreten kann. Somit ist die Namensgebung richtig.

Der wirklich bedeutendste Wechsel in der Namensgebung der Stadt ist dann aber zwischen „Ruodelingen" und „Riedlingen" zu sehen. (s.u.) Denn dann erst wird die Stadt von der Ansiedlung an der „Hürde" und am „Wehr" zu einer Stadt im „Ried", also im ebenen, „wehrlosen", „hürdenlosen" Übergang vom Wasser zum (bebauten) Land, dem Hochwasser preisgegeben.

Hochwasser in Riedlingen 1990 (LBG)

Wolfrad von Veringen (≈1255) soll also
der Vater der Stadt Riedlingen genannt werden.

Die Mutter der Stadt ist aber die Donau.

Die Stechpaddel im Wappen der Stadt

aus der Rehlinschen Karte, 1589

Und so wurde dieses also hier in Riedlingen zweckmäßigste Werkzeug für die Überwindung und Nutzung des Donau-Flusses in das Wappen der Stadt aufgenommen.

Die Stechpaddel geben Auskunft über die Tiefe des Flusses

Indirekt lässt sich zudem aus den Stechpaddeln eine Aussage über den Fluss machen. Dieser muss also so tief sein, dass ein Stechpaddel benutzt werden kann. Er kann aber andererseits wiederum nicht allzu tief sein, denn sonst wären zunächst die längere Stocherstangen im Einsatz oder dann, wenn der Fluss noch tiefer wird, nur noch Ruder zum Manövrieren der Boote und zum Überwinden des Flusses möglich. Also muss es sich bei einer Stadt, die Stechpaddel in ihrem Wappen oder in ihrem Siegel führt um eine Stadt an einem befahrbaren jungen Fluss handeln mit einer relativ geringen, aber doch befahrbaren Wassertiefe.

Warum zwei Stechpaddel und warum sind sie gekreuzt?

Die Bedeutung der 2 gekreuzten Stechpaddel lässt ebenfalls Rückschlüsse zu: vielleicht sind die 2 gekreuzten Ruder allein schon das Zeichen für „die Donau" als dominierendem Fluss schlechthin oder sie sind Sinnbild für den Zusammenfluss zweier Flüsse. In Ulm wäre es die Iller, die in die Donau einmündet. Und in Riedlingen? Bei genauer Betrachtung liegen in Riedlingen folgende Verhältnisse vor:
Donau aufwärts haben sich, nach der Betrachtung der alten Karten und nach Überlieferungen die Flüsse Schwarzach von Südosten und der Biberbach von

Westen mit der Donau oberhalb des Weiher- und Bäche- Systems, die heute noch als Relikt in den „Mißmahlschen Anlagen" vorhanden sind, vereinigt. Dieses Kreuzungsphänomen der Flüsse könnte der Anlass für die kreuzförmige Darstellung der Stechpaddel im Wappen sein. Zumal auch die Schwarzach, die in der Nähe von Bad Saulgau entspringt, und der Biberbach, welcher in einem sehenswerten, großen Quelltopf, mit einer beachtlichen Schüttung von 3 Tausend Litern pro Sekunde seinen Anfang an der „Schattenweiler Mühle" in Langenenslingen nimmt, nutzbar und mit Zillen und Stechpaddel befahrbar waren. Das bezeugen heute der „Holzbach" in Andelfingen und die vielen Mühlen entlang der Flüsse.
Ferner ist zu bedenken, dass die Herren von Veringen ihre Burg, die noch heute als Ruinen beim „Vöhringer Hof" betrachtet werden können, gerade an der Stelle platziert hatten, an der auch die Schwarzach in damaliger Zeit vollends in die Donau einmündete. So war eine Kontrolle des Wirtschaftsverkehrs auf beiden Flüssen und die Erhebung von Wegezoll an der Nahtstelle möglich. Als Quittung für den Zoll könnte das Siegel mit den gekreuzten Stechpaddeln benutzt worden sein.
Dieses System ist durchaus dem heutigen Mautwesen auf den Straßen zu vergleichen.
Heute verfolgen kluge Geschäftsleute diese Strategie der „Flussgrafen", in dem sie ihre Supermärkte oder Fast-Food-Restaurants an den „Zusammenfluss" zweier Straßen platzieren.

Die Bedeutung des Wassers und der Flüsse spielt heutzutage überhaupt keine Rolle mehr.

Die Wappen der Stadt Riedlingen mit den gekreuzten Stechpaddeln im Wandel der Zeit:

848 n. Chr.

Wenn die historische Darstellung der Geschichte der Stadt Riedlingen am Giebel des Hauses Bartholomä authentisch ist, so führte der Weiler „Hruodininga“ bereits im Jahre 848 die gekreuzten Stechpaddel bei der Schenkung an das Kloster Reichenau durch Abt Grimald im Wappen.
Das Haus „Bartholomä“ war die Zehntscheuer des Klosters Heiligkreuztal und ist bereits bei der Stadtgründung 1255 erwähnt. (Heiligkreuztaler Stadthaus)

1255:

Zumindest bei der Stadtgründung oder kurze Zeit später dürfte das Wappen der Stadt mit den gekreuzten Stechpaddeln in Erscheinung getreten sein. Wobei anfänglich der pragmatische Aspekt der Siegel für die Transporte auf den Wasserstraßen meines Erachtens im Vordergrund stand. Also noch einmal: Wer die Gebühr bei den Veringern bezahlt hatte, erhielt das Siegel mit den gekreuzten Stechpaddeln und durfte weiterfahren und seine Ware verkaufen. Damit war auch die Herkunft der Güter gekennzeichnet.

1303:

Die Stadt „Rudelingen“ kommt zu Tirol. Nun wurde das Wappen in zwei Teile geteilt. Die rechte Hälfte wird ab jetzt vom habsburgischen Löwen eingenommen. Wann genau die Grafen von Veringen die Stadt an Habsburg verkauft haben lässt sich nicht ganz genau datieren. Die Historiker legen den Zeitpunkt zwischen 1297 und 1303 fest. In diese Zeit datiert die Erweiterung der Stadt und der Aufbau der zweiten Stadtmauer zur Mühl-Vorstadt und zur Weiler-Vorstadt hin.

Die gekreuzten Stechpaddel mit den Querhölzern und den schwalbenschwanzartigen Paddelblattenden erfahren bis zur heutigen Form des Stadtwappens weitere beachtenswerte Änderungen:

alle Bilder (A)

1434

Jahr nicht bekannt

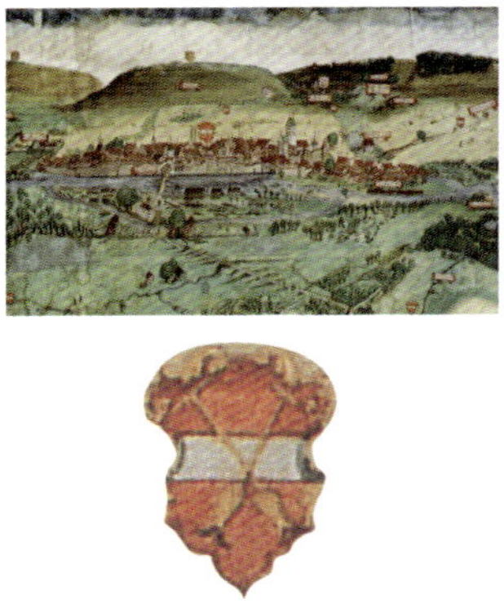

aus der Rehlinschen Karte, 1589

1667

1667

1667

1434:

Dieser Abdruck von 1434 des Siegels mit dem Stadtwappen ist das erste, gesicherte Dokument der Stechpaddel im Wappen der Stadt Riedlingen. (3)
Die schwalbenschwanzartige Aufspaltung des rechten Paddels ist unzweifelhaft zu erkennen. Das Wappen ist in zwei Teile geteilt. In der rechten Hälfte handelt es sich um den habsburgischen Löwen. In dem Siegel fehlen noch die Metallverstärkungen an den Paddelblättern und es fehlt noch die Querbinde.

(A)

Konsolstein mit Wappen

Das Riedlinger Wappen zur Zeit der Truchsessen von Waldburg ist in einen Konsolstein eingemeißelt. Der Stein befindet sich im Besitz des Alterthums-Vereines im „Spital zum Heiligen Geist".

(A)

Osterberg
Riedlingen

Rehlinsche Karte von 1589 (Ausschnitt) (A)

1589:

Die aussagekräftige Darstellung auf der „Rehlinschen Karte" zeigt die Besitzungen der Stadt „Riedlingen" durch die Wappen an. Hier taucht erstmals der Stadtname „Riedlingen", wie wir ihn heute noch schreiben auf. Während dieser Zeit war die Stadt „Riedlingen" von den Habsburgern an die Truchsessen von Waldburg verpfändet worden. Deshalb fehlt der habsburgische Löwe gänzlich auf allen besitzanzeigenden Wappen. Das barock umsäumte rote Wappen ist (wieder) nur einteilig. In seiner Mitte ist aber die breite weiße, hier unter den Stechpaddeln liegende, Habsburgische Binde gezeichnet, die die noch vorhandene „Bindung" an Österreich-Habsburg darstellen soll. Die Blätter der gekreuzten Stechpaddel, - und damit ist klar, dass die gekreuzten Stechpaddel ganz eindeutig alleine der Stadt zuzuordnen sind-, sind tulpenförmig, schlank und weisen an den schwalbenschwanzartigen Enden braunrot, metallfarbige, enterhakenähnliche Verstärkungen auf. Die Tulpenform und die gebogene Form der Metallenden der Stechpaddel dürfte dem barocken Stil zuzuschreiben sein. Obwohl in dieser Zeit sicherlich sehr viel Holz „getriftet" oder „geflößt" worden war (s.u.) ist eine solche Form weder der Enterhaken, noch der Stechpaddel belegt. Der „Rehlinschen Karte" zufolge lag die ganze Insel voll mit Holz. Daraus kann gefolgert werden, dass das Holz auf der Donau angeschwemmt oder geflößt wurde.

Das Stadtwappen auf dem Grenzstein mit Dreiecksfläche im Ofenwisch (topographischer Punkt) dürfte ebenfalls in die Zeit der Truchsessen datieren.(3)

Grenzstein im „Ofenwisch" (S)

1667:

Auf dem Siegel der Stadt Riedlingen (lateinisch: sigillum civitatis civium in Riedlingen) ist die Binde über den gekreuzten Stechpaddeln. Die Haken-Verstärkung der Paddelblattspitzen fehlt hier wieder. Der Gebrauch der Stechpaddel ist also vermutlich nicht mehr so bedeutsam, wie auf der „Rehlinschen Karte“ dargestellt.

Siegelbilder (A)

Viele der alten Fachwerkhäuser, für die zumindest ein Großteil des Holzes auf der Insel angelandet worden ist, datieren in die Zeit um 1570.

Gasthaus „Greifen“, Weilerstr. Riedlingen (S)

1716:

Das Stadtwappen auf dem „Wahrhaffter Abris der Kayserlichen vor Östereichischen Statt Riedlingen von 1716" zeigt die Stechruder mit verzierter breiter Binde. Das weiße Band liegt weiterhin über den gekreuzten Stechpaddeln. Auch hier sind keine Eisenverstärkungen der Paddelblätter mehr erkennbar. Die weiße Binde ist verziert. Auf der linken Seite des Bildes ist der Österreichische Doppeladler mit Schwert und Zepter in einem eigenen Wappen. Beide Wappen sind mit einem Putto verschönert. (3)

1. Die Pfarrkichen
2. S. Michaels Capell
3. S. Nicolaus oder Brug Capell
4. Der Closter Frauen Wohnung
5. Das Rath Haus NB Das Kaufhaus
6. H: Stattamman Baitzen Behausung
7. Das Brug oder Doanu Thor
8. Das Mihl Thor sambt der Vorstatt
9. das Weilerthor sambt der Vorstatt
10. Die Waag Mühl sambt der Schleiff
11. Mühl- und Weisgerber Walck
12. Die Seeg und Öhl Mühlen
12. Das Baadt
13. Der Bleiel Thurm
14. Der Zellemees Thurm

2005:

Die Darstellung des Wappens zur 750-Jahrfeier der Stadt zeigt die gekreuzten Stechpaddel mit runden Blattspitzen und die weiße Binde unter den Stechpaddeln.

Die Stechpaddel

„Riedlinger Stechpaddel"

Detail der Blattspitze

Nach der Auflistung der historischen Wappen der Stadt Riedlingen mit den gekreuzten Stechpaddeln wenden wir uns in diesem Abschnitt den technischen Besonderheiten und der Funktionsweise der Stechpaddel zu.

An der Donau in Riedlingen sind Stechpaddel unterschiedlicher Länge im Einsatz.
Die Maße der noch heute vom „Landesbetrieb Gewässer des Regierungs- Präsidiums Tübingen" in Gebrauch befindlichen Stechpaddel, - ich darf sie einmal die „Riedlinger Stechpaddel" nennen-, sind:

Technische Daten der „Riedlinger Stechpaddel":

Paddel für Mittel- und Niedrigwasser: Gesamtlänge: 2,30 Meter
Paddel für Hochwasser: Gesamtlänge: 3,10 Meter.
Die Paddelblätter sind jeweils 0,14 Meter breit und 0,69 Meter lang.

Die Paddelblattspitzen sind eisenverstärkt. Die Eisenbeschläge werden einzeln angefertigt. Sie sind handgeschmiedet und haben heute eine „Andreas- Kreuz-artige Form.

Besonders auffallend ist also der **lange Holm mit Querholz und** sind die **schmalen Paddelblätter mit Eisenspitze.**

Holzarten: Die in Gebrauch befindlichen alten „Riedlinger Stechpaddel" sind aus Esche und Akazie gefertigt.

Paddelfunktion und Paddeltechnik:

Obwohl das Paddelblatt relativ schmal ist (14 cm), ist es dennoch zum Paddeln geeignet. Zum Manövrieren der Zille wird es als Finne eingesetzt. Die Hauptfunktion ist jedoch das Stechen auf Grund.

Stechen und Schieben:

Durch Setzen der Paddel auf Grund des Flusses und durch gleichzeitigen Druck auf den Querholm lässt sich ein Schub des Bootes auslösen. Dieser Anschub kann sowohl in als auch gegen die Stromrichtung des Flusses getätigt werden. Dabei stehen die Paddler in den Zillen.

Im Stehen

Auf den Fotos (S. 90 u. 91) sehen wir die Männer des Zoll-Zillen-Vereines aus Ulm-Gögglingen in ihrer schwarzen Kluft der Zillenbauer. Sie können diese äußerst gewandte Form des kontrollierten Bewegens einer Zille auf der Donau eindrucksvoll demonstrieren. Es ist diesen Männern fast mühelos gelungen flussaufwärts zu fahren. (S. 190 u. 191)

Das schmale Paddelblatt der Stechpaddel behindert nur wenig den Stich, den Stochervorgang.

Wassertiefe:

Die Wahl der Stechpaddel ist abhängig von der Wassertiefe. Bei Hochwasser müssen längere Stechpaddel benutzt werde.

Die minimale Wassertiefe wird durch den Tiefgang des Bootes oder des Floßes vorgegeben. Die maximale Wassertiefe durch die Länge der Stechpaddel.

Metallspitzen:

Die Enden der Blätter sind mit handgeschmiedeten, gekreuzten Metallhaken verstärkt. Dies erlaubt einen besseren Halt beim Stechen auf Grund. Die Paddel rutschen nicht auf dem groben Donauschotter weg. Der Krafteinsatz ist effektiver. Durch die Metallspitzen wird ferner einer raschen Abnutzung der hölzernen Ruderblätter vorgebeugt.

Das Stechen und Schieben eines Bootes wird auch „Staken" genannt.

Bremsen:

Die Fahrt der Zillen kann durch Querstellen der Paddelblätter abgebremst werden.

Lenken:

Durch das Drehen und das variable Einsetzen der Stechpaddel rechts oder links und an Bug und Heck kann die Zille in verschiedene Richtungen manövriert werden.

Und setzt man gar das Paddelblatt als Finne ein, so kann das Boot vom Heck aus in der Richtung gehalten werden. Wie auf dem Bild vom Zillen-Rennen 2007 in Ulm-Gögglingen zu sehen ist, sitzt dabei der Steuermann am Heck und fasst den Holm kurz. (S. 187)

Ablegen:

Hier sehen wir, wie das Fernhalten der Zille von der Uferböschung oder von anderen harten, die Zillen beschädigenden Gegenstände möglich ist und wie das ablegen vom Ufer oder das Anlanden nach dem Ende der Fahrt vor sich geht.

Die Technik des Ablegen (S)

(S)

Entern:

Bei der Form der Paddelblattarmierung mit Metall ist ein Entern nicht möglich, lediglich ein Abstoßen oder Wegdrücken. Heute werden noch separat Enterhaken, zum Beispiel am Rechen des Riedlinger Wasserkraftwerkes verwendet. Beim Enterhaken sind die Metallspitzen derart gebogen und spitz ausgezogen, dass Holzstämme oder Gegenstände sowohl herbei geholt, als auch weggedrückt werden können.

Enterhaken (S)
(Museum Schöne Stiege)

Eigene Paddeltechnik:

Zusammenfassend kann man ruhig sagen, dass der Einsatz der Stechpaddel eine ganz eigene Technik der Fortbewegung und Manövrierung kleiner Schiffe in nicht all zu tiefen Fließgewässern ist.

Stechpaddeleinsatz im Stehen, im Gegensatz zu Kurzpaddelgebrauch im Sitzen (S)

Diese Form der Stechpaddel ist mir mittlerweile von der Spree im Spreewald bei Berlin und vom Hochrhein in der Nähe von Bad Säckingen bekannt geworden. Die Ortschaft dort heißt Mupf. Dort wird ans andere Ufer, in die Schweiz, „pontiniert". Das heißt: Die Schiffe werden, wie auch hier in Riedlingen und in Inzigkofen geschehen, zur Fahrt vom einen Ufer zum anderen verwendet. Dieser Fährverkehr erfolgte sowohl mit Brückenseil als auch mit Stechpaddeln (siehe S. 92)

Der Begriff „Pontinieren" ist auch hier geläufig und kommt auf dem Gemälde von Charles de Mayenfisch aus dem Jahre 1833 eindrucksvoll zur Darstellung. Mein besonderer Dank gilt Herrn Kreisarchivar Dr. Ernst Eugen Weber, Sigmaringen, für die Abdruckgenehmigung dieses äußerst wertvollen historischen Dokumentes. Auf diesem Bild aus der Biedermaierzeit fallen neben den 4 Damen der Frack und Zylinder des wohl knienden Zillenfahrers, das Stechpaddel, der lange Treidelstock mit lang gespaltenem rot-weißem Wimpel, die hohenzollerische Heckflagge, die 2 breiten Zillen, das Brückenseil, an dem die leere Zille befestigt ist und die Hafensäule mit Amphore am breiten, geländergesäumten Landungsplatz auf. Auf dem Berg thront die ehemalige Eremitage

Gemälde von Charles de Mayenfisch aus dem Jahre 1833, Kreisarchiv Sigmaringen

von Inzigkofen über dem „Amalienfelsen".

Die „Stechpaddel-Technik" mit stehenden Paddlern, wie sie seit alters her in Riedlingen dokumentiert ist, ist weltweit, außer am Hochrhein und an der Spree, einmalig und bedarf des besonderen Schutzes und der besonderen historischen Pflegschaft.

So, wie wir hier in Riedlingen die Stechpaddeltechnik noch erhalten vorfinden, muss und darf sie mit den anderen, weltweit vorkommenden archaischen, sagen wir einmal „Rudertechniken" verglichen werden. Sie braucht aber den Vergleich keineswegs zu scheuen.

Denn immer sind es die Bedingungen des Wassers und die Gegebenheiten der Menschen vor Ort, die die ergonomische Ausfeilung eines Werkszeuges im Laufe der evolutionären Entwicklung voran bringen und aber auch, hat sie sich einmal herauskristallisiert, erhalten.

Alle anderen, mit Riedlingen vergleichbaren Boote sowie Paddel- und Rudertechniken rund um den Globus:

Stochern

Wenn das Gewässer tiefer als 3 Meter wird, ist es ergonomisch nicht mehr günstig, mit Stechpaddeln sein Schiff voran zu bringen. Das nächste Werkzeug, das weiter in die Tiefe reicht ist die Stocherstange. Sie ist gleichzeitig auch das einfachste Instrument. Diese Formen kennt man donauabwärts in Ulm. Das dortige Volksfest ist das „Ulmer Na bada".
Am 2. Montag im Juli, - das ist gleichzeitig der „Schwörmontag" an dem der Ulmer Bürgermeister seinen Schwur, „dem gemeinen Volk zu dienen" erneuert, findet nachmittags das große Treffen an der Donau statt.
Am Neckar bei Tübingen, - obwohl der Fluss von der Tiefe her auch für Stechpaddel geeignet wäre-, hat sich die Stocherstange überliefert. Beim alljährlichen „Stocherkahn-Rennen" der studentischen Burschenschaften gibt es für die Verlierer Lebertran zu trinken. Die siegreiche Verbindung erhält außer der Ehre süffigen Apfelmost als Siegertrunk.

Meist ohne traditionelle Überlieferung wird an vielen Stellen, so in Kreßbronn am Bodensee und in Inneringen auf der Schwäbischen Alb auf dem dortigen Feuerwehrteich ein Fischerstechen veranstaltet.
Auch bei der 700-Jahrfeier der Stadt Riedlingen (1955) wurde ein vergnügliches „Fischerstechen" veranstaltet. Der hiesige Turn- und Sportverein war Ausrichter der spektakulären Vorführung auf den Riedlinger Arbeitszillen des damaligen Wasseramtes. (siehe S. 69)

Die Paddel:

Die Paddel haben einen Holm, der mit beiden Händen gegriffen wird. An einem Ende des Holmes ist das Holz zum so genannten Paddelblatt verbreitert. Das ist die ursprünglichste Form der Paddel. Mittlerweile gibt es Paddel mit je einem Paddelblatt an beiden Enden des Holmes. Diese Form wird als Doppelpaddel bezeichnet. (siehe S. 95) Das Charakteristische der Paddel ist, dass sie frei beweglich sind. Nur durch den festen Griff des Fahrers sind sie gesichert. Sie sind nirgends am Boot festgemacht. Die Gefahr dabei ist, dass das Paddel zum Beispiel bei starkem Wind oder bei starker Strömung aus den Händen gleitet und das Boot unter Umständen manövrierunfähig wird.

Hammer Paul im Kanu, im Hintergrund
die ehemalige Sägmühle (heute Volksbank)

Kanufahrer auf der Donau in Riedlingen, 2007 (S)

Die Boote:

Kanus

Kanu ist der Überbegriff unter dem mehrere Bootsformen zusammengefasst sind. Sie haben jeweils eigene Paddel-, bzw. Rudertechniken.

Kajak:

Die Bootsform der wahrscheinlich ältesten Boote ist das spitz zulaufende Heck und der ebenfalls spitze Bug. Man kennt die Kajaks der Indios, der Inuits, der Eiszeitjäger aus der Tundra und der Grand-Magnon-Menschen aus Südfrankreich. So dass von einer 40 Tausend Jahre alten Tradition ausgegangen werden kann. Die Kajaks wurden zunächst aus den Häuten der Robben genäht. Und mit Robbenfett wurden auch die Nahtstellen wieder verdichtet. So ist eine Wanderung der „Grand-Magnon-Menschen" mit ihren Booten von Südfrankreich entlang der Eisschollen über Grönland bis nach Amerika, die bereits vor 40 Tausend Jahren stattgefunden hat, nachgewiesen worden. Diese Kajaks hatten zunächst nur die Kurzpaddel ohne Querholm. (siehe S. 96)

Die ersten Kajakfahrer knieten mit beiden Knien im Boot. (7)

Viele Kajaks werden heute mit den Doppelpaddeln getrieben.

Ein Boot mit zwei Fahrern und 2 Doppelpaddel heißt „Zweier Kajak".

Heute sind das sitzenden Kajak-Fahren mit den Doppelpaddeln („Einer- und Zweier-Kajak") olympische Disziplinen.

Canadier:

Das charakteristische dieser Fortbewegungskunst ist es, das Kanu mit nur einem Paddel, das dazu hin nur auf einer Seite in das Wasser gestochen wird, fortzubewegen. Der Kanufahrer kniet dabei mit **einem** Knie auf den Planken seines Kanus. Durch die Asymmetrie des Kanus, durch den Kniedruck des Kanuten und durch die Stellung des Paddels wird das Schiff gelenkt. Das Paddel ist

relativ kurz und am obern Ende ebenfalls, wie unsere Stechpaddel, mit einem Querholm versehen. Durch die Querholme findet eine bessere Kraftübertragung auf die Paddel statt. Das Paddelblatt ist nicht gespalten.
Das einseitig kniende Kanadierfahren („Kanadier") ist ebenfalls olympische Disziplin.

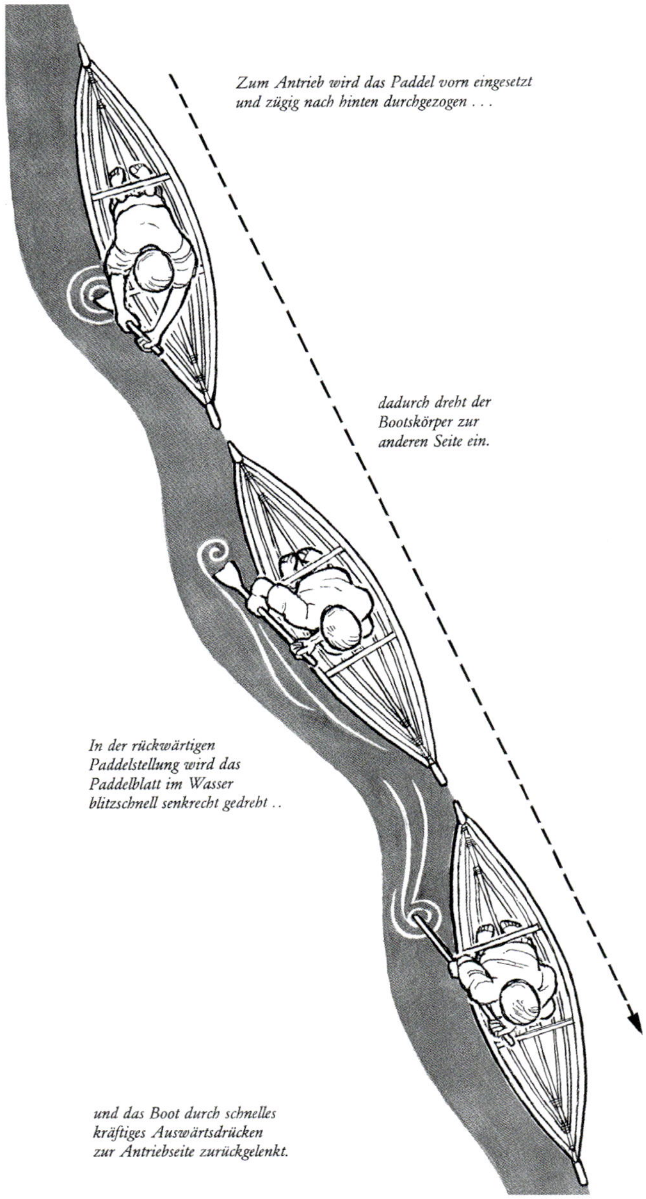

(7)

Auf unseren breiten Arbeitszillen haben die Männer zum Teil eine technische Zwischenform entwickelt. Ein Knie wird dabei, – zur besseren Stabilisierung des Fahrers und zur besseren Kraftübertragung auf den Querholm des Stechpaddels –, leicht gebeugt vom Innern des Bootes an die Außenbordwand der Zille gedrückt.

Ruderboote

Riemenruder:

Die Ruder haben ebenfalls einen langen Holm und ein flaches Blatt an einem Ende des Holmes. Bei den Rudern gibt es keinen Querholm und kein zweites Blatt. Um sitzend und mit beiden Händen rudern zu können wurden schon in der Antike bei den großen Galeeren der Griechen und Römer die Ruder in einer Vertriefung der Bordwand, der so genannten Dolle, mit einem Lederriemen festgebunden. Deshalb ist die korrekte ganze Bezeichnung „Riemenruder".

Der Holm des Ruders kann aber auch an der Bordwand mit einer Stiftdolle befestigt sein.

Beim Rudern wird das flache Ruderblatt waagrecht in der Luft über der Wasseroberfläche, durch eine Vorwärtsbewegung des Holms, weg vom Körper des Ruderers nach hinten geführt. Dann wird das Ruder um 90° gedreht, senkrecht in das Wasser eingeführt und kräftig der Holm wieder nach heckwärts zum Körper des Ruderers hin, zurückgezogen. Das Ruderblatt bleibt während des ganzen Ruderzuges ins Wasser eingetaucht. So erhält das ganze Boot einen Schub nach vorne.

Die Benennung „Zweier", „Vierer" und „Achter" (jeweils auch mit und ohne Steuermann) bezieht sich auf die Anzahl der Ruderpersonen. Die Anzahl der Ruder ist genau so groß. Die Anordrung ist jeweils hälftig und wechselseitig. Also beim Achter jeweils vier Ruder auf der linken, der Lee-Seite und vier Ruder auf der rechten, der Luv-Seite wechselständig platziert.

Es gab aber auch in der Antike große Kriegs- oder Sträflingsgaleeren mit gegenständig angeordneten Rudern, die manchmal sogar von zwei und mehr nebeneinander sitzenden Ruderern betätigt werden mussten.

Skull:

Ein einfaches Ruderboot hat zwei Ruder, je ein Ruder lee- und ein Ruder luv-

seitig. Der Fahrer führt beide Ruder gleichzeitig. Diese Boote bezeichnen wir gerne als „Ruderboote". Die korrekte Bezeichnung ist aber „Skull".
Auch das sind olympische Disziplinen.

Sonderformen

Bambusboote in Thailand ...

Eine ganz besondere Art der Riemenruder besitzen die Bambusboote in Thailand. Da die Seen fast immer windstill sind, genügt erstaunlicherweise eine sich verjüngende Bambusstange, um die Boote zu rudern. Die Bambusstange ist allerdings sehr viel länger wie unsere Ruder im Verhältnis zur Rumpflänge der Boote. Aber offensichtlich ist mit Feingefühl das Rudern ebenso möglich, wie mit Kraft.

... und in Süd-China

Die Kormoran-Fischer am Li River in Süd-China verwenden zum Bewegen ihrer Bambusboote ebenfalls Stocherstangen. Diese sind hier natürlich aus Bambus.

Die Bein-Ruderer von Myanmar:

Eine weitere Besonderheit des Ostasiatischen Raumes sind die Bein-Ruderer von Myanmar, dem früheren Burma. Am Inle-See rudern die Intha-Fischer, „die Söhne des Sees", wie sie genannt werden, mit einem Bein. Die Fischer schlingen, im Boot stehend, ein Bein um ihr Ruder. So, wie ein Akrobat am Seil hochklettert, wird das Bein um das Ruder geschlungen. Mit einer unrunden Bewegung treten die Fischer kräftig dann nach hinten aus und bringen das Boot voran. Mit dem anderen Bein stehen sie, das Gleichgewicht haltend, auf der Planke. Die Arme sind auf diese Art frei für die Reusen.

Gondoliere:
Die venezianischen Gondoliere stehen auf der hinteren Plattform ihrer verzierten Gondeln. Sie bedienen ihre langen Riemenruder mit den Händen. Das ist ebenfalls einzigartig, eigentümlich und charakteristisch. Auch die Form der schlanken Gondeln mit den steilen, hohen, farb- und holzverzierten Vorder- und Achter- Steven sind besonders markant.

Ulmer-Schachteln:
Die längsten und größten Riemenruder dürften auf den „Ulmer Schachteln" angebracht sein. Der Holm dieser Ruder ist mehrere Meter lang. Sie werden als Bewegungsruder und als Lenkruder verwendet. Den Ulmer Schachteln und ihrem letzten Erbauer habe ich ein eigenes Kapitel in diesem Buch gewidmet.

Ulmer Schachtel (2)

Einbäume:
In den Steinzeitsiedlungen vom nahen Federsee und vom Bodensee sind uns Boote, die durch Aushöhlen eines Baumstammes entstanden sind, bekannt. Mit einfachen Steinzeitbeilen wurden die Stämme ausgehöhlt.
Wie die Bilder zeigen, wurde das Aushöhlen des Baumes archäologietechnisch gesehen in Afrika auf eine andere Art und Weise vorgenommen, wie in Europa.

Einbaum vom Federsee (S)

Einbaum vom Federsee 2008, archäotechnischer Nachbau (S)

Aushöhlen eines Bootsrumpfes in Etappen bei den Asmat in Irian Jaya (1)

Barken:

Die Barke ist ein kleines Küstenboot im Mittelmeerraum. Barken kennt man seit der Zeit der Phöniker. Barken waren ursprünglich Drei-Mast-Segelschiffe.

Kähne:

Auch ein Kahn ist ein kleines Schiff. Im Gegensatz zur Arbeitszille sind die Kähne wesentlich schmäler.

Schilfboote:

Sicherlich eine der ältesten Bootsformen sind die Bote aus Schilf. Dieses Baumaterial findet man bei den „Urus", das sind die Urbewohner auf dem Titicacasee hoch oben in den Anden Südamerikas. Diese Menschen leben quasi auf dem Schilf. Ihr Lebensraum wohl gemerkt ist also das tragende Schilf. So haben sie auch ihre Boote aus Schilf zusammengebunden. Der Name „Uros" ist auch im Griechischen bekannt und heißt dort „uoros" und im Lateinischen „Uro". Seine Bedeutung möchte ich einmal so umschreiben: „über dem Wasser, höher als Wasser, Wasserschwelle, Nierenschwelle, Niere". In unserem Sprachraum kennen wir dazu das Wort „Urologie".

Aber auch die „Motschika-Kultur" in Peru kennt Schilfboote, die dort sogar auf dem Meer seit Urzeiten zum Fischfang eingesetzt werden. Sie werden „Pferdchen" genannt.
Sie sehen also, die Schilfboote sind selbst hohen Wellen gewachsen.
Auch die „Ra-Boote" waren ja bekanntlich hochseetaugliche Schilfboote. Die Nachbauten von Thor Heierdal sind uns noch in Erinnerung.

Ausleger:

Auf der Insel „Bora-Bora" gibt es keine umfangreichen Bäume. Zur Stabilisierung des schmalen Einbaumes auf den Wellen des Meeres wurde also ein Ausleger angebracht.

Piroge auf Bora Bora

Lastensegler/Lädine:
Ob der einmastige Lastensegler, wie er auf dem Giebelbild des Hauses Bartholomä dargestellt ist, authentisch ist, kann nur durch archäologische Funde bewiesen werden. Die Donau war in früherer Zeit im Bereich der Einmündung der Biber wesentlich breiter und durch vielerlei Verbindungen zur Schwarzach und zum Röthenbach in eine Seenlandschaft verwandelt. Es ist also durchaus denkbar, dass Lastensegler, so genannte „Lädinen" hier bei Riedlingen vorhanden waren.

Historische Lädine,
bei Immenstaad auf dem Bodensee

Lädine am Gibel des Hauses Bartholomä, Riedlingen (SD)

Salzzug in Cervia:
In den Lagunen der Toscana wird getrocknetes Meersalz seit Menschengedenken mit Schiffen alljährlich am Ende der Trocknungszeit im Herbst in die Stadt Cervia in der Emilia Romana gezogen (getreidelt) und dort verkauft.

**So gäbe es auf der Welt noch manche Gemeinsamkeit
und doch Unterschiedlichkeit mit der Riedlinger Zillentradition.**

Lastenzillen

Die korrekte fachmännische Bezeichnung unserer Lastenzille von den Zillenbauern aus lautet: „Arbeitszille“.

Wenn ich wieder in der Brockhaus – Enzyklopädie nach diesem nicht gerade geläufigen Wort suche finde ich dort Folgendes:
„Zille, früher übl. Lastenholzkahn mit flachem Boden, meist offen oder nur vorn und hinten etwas gedeckt; z.B. auf Oder und Elbe eingesetzt.“ (6)

Weitere Nachweise finden sich in dem Buch „Schopper und Zillen“. (20)

Die „Zille“ ist also zunächst einmal eine enorme Weiterentwicklung gegenüber den Einbäumen. Ihr Vorteil ist, sie kann wesentlich breiter konstruiert werden und ist damit geeignet, umfangreichere und schwerere Lasten aufzunehmen. Um aber das Fassungsvermögen zu erhöhen müssen mehrere Bretter, die „Planken“ oder „Dielen“ mit „Spanten“ zusammengefügt werden. Das geht jedoch nur auf Kosten der Dichtigkeit. Um die Kähne also dicht zu bekommen ist ein weiterer Arbeitsgang, das „Schoppen“ nötig. Beim Schoppen werden gerollte

(JS)

Begutachtung des Riedlinger „Fundes“. (JS)

Moosstücke, die so genannten „Moos-Wargel" in die Fugen zwischen den Planken zunächst hineingestopft und dann mit dem Hammer „eingehauen".

Welche Kultur haben nun die „Zillen" hervorgebracht und woher kommt dieser merkwürdige Begriff „Zille"?
Eine Zuordnung ist mir bisher nicht gelungen. Die plausibelste Erklärung scheint mir diese zu sein: Im Lateinischen heißt das Schiff „naviculum". Die Verkleinerungsform davon, also das kleine Schiffchen wird „navicillum" genannt. Da „c" in der Umgangssprache als „Z" und nicht wie im Lateinischen als „K" gesprochen wird, könnte aus „navizillum" in der bequemen, zu Abkürzungen neigenden Umgangssprache auch im Schwäbisch – alemannischen Sprachraum „Zille" geworden sein. Ob die Theorie mit dieser Diminuitiv-Form richtig ist, muss ich momentan offen lassen. (20)

Bootsparty am ehemaligen Fallenstock, im Hintergrund Ertingen (A)

Haben also die Römer die ersten „Zillen" gebaut?
Zumindest hat die Bauweise große Ähnlichkeit mit denen am Rhein bei Mainz und im Jahr (2007) auch in Köln gefundenen Schiffe aus der Römerzeit. Die Datierung geht auf das Jahr 160 unserer Zeitrechnung zurück. Aber die Römer haben auch orts-ständige Schiffe übernommen. (1)
Auch die Kelten hatten schon Kähne aus Planken, die allerdings noch deutlich grober gefertigt worden sind, als die der Römer. (1)

„Ihre breite Form und robuste Konstruktion", schreibt Frau Jenny Sarrazin in ihrem Buch Schopper und Zillen, *„machen sie geeignet für den Transport von Steinen und schwerem Gerät, die noch relativ moderate Größe ermöglicht gleichzeitig eine unproblematische Handhabung. Dieser dient auch eine Halterung für einen Treidelmast in*

Form einer Aussparung im vordersten, doppelschamig angelegten Spant; ein Loch in der darüber befindlichen Ducht sichert den Mast seitlich ab. Vermutlich der Befestigung der Zille bei Querschnittsaufnahmen des Flussbetts dient ein mit dem zweiten Spant verbundenes Quereisen. (siehe S. 106)
Interessant an dieser Zille ist auch die Kombination von gewachsenen und Kompositt-Spanten. Eugen Hailbronner war davon überzeugt, dass die Festigkeit gewachsener Spanten die der durch Winkel und Schrauben zusammengehaltenen bei weitem überstieg. Da diese Zille vorn und achtern recht hoch aufgezogen ist, unterstützte er diese besonders anfälligen Bereiche mit gewachsenen Spanten.
Als Tribut an die besondere Belastung eines Arbeitsschiffs ist vielleicht auch die Tatsache zu werten, dass Hailbronner bei dieser späten Zille – 1972 gab er seinen Beruf auf – noch die Innenfuge geschoppt hat. Normalerweise erkennt man seine Zillen aus dieser Zeit an der Werg-Abdichtung der Fuge zwischen Boden und Seiten."

Soweit das Zitat von Frau Jenny Sarrazin. (20)

Die letzte Riedlinger Zille

Bis etwa 1990 war das, wie es seiner Zeit hieß „Wasserwirtschaftsamt" in Riedlingen im Besitz zweier Arbeitszillen. Von diesem Zeitpunkt an wurden die Lastenschiffe durch ein flaches, motorgetriebenes Ponto-Boot aus Aluminium ersetzt. Dies ist heute alleine im Gebrauch.

Detailaufnahmen der Riedlinger Zille

Bilder, (JS)

Da die alten Holzzillen nun ausgedient hatten, wurden sie ausgemustert. Eine von beiden, leider die tüchtigere, wurde vernichtet.

Die noch vorhandene Lasten-Zille hatte damals Herr Rainer Menz zu sich in die Mühle nach Hailtingen an die Kanzach geholt. Dort war sie aber nun auch nicht mehr nützlich und sollte im Wochenblatt unter der Rubrik „Die Gute Tat" verschenkt werden. Da ich bereits schon von der „Riedlinger Zille" wusste, habe ich mich mit Herrn Menz in Verbindung gesetzt und Ihn gebeten, abzuwarten, bis ich Gelegenheit hätte, die Zille nach Riedlingen zurück zu führen. Was dann letztlich am 02.06.2007 auch erfolgreich abgeschlossen werden konnte.

Beschreibung der Riedlinger Zille:

Die Bordwände sind nach außen bauchig, also konvex, geschwungen. An den Bug- und Heckenden steigen sie leicht an und kommen spitz zusammen. Die Bordkanten sind verstärkt. Die Schwimmfläche ist breit und flach zum Wasser hin gewölbt. Zwei Sitzplanken an den Enden des mittleren Drittels, eine Lastenrampe am Bug und ein kleines Sitzbrett am Heck für den Steuermann befinden sich im Innern der Boote. Die äußere Bordwand ist am Bug zebraartig mit schwarzen und roten Farbbinden bis zum mittleren Drittel hin verziert. (siehe S. 106)
Die breite Ladefläche der Lastenkähne ist bequem geeignet um großvolumige Last aufzunehmen. Selbst Großtiere konnten mitgeführt werden.
Durch die enorme, ungewöhnliche Breite der Kähne hatten sie nur einen geringen Tiefgang im Wasser. Das wiederum bedeutete, dass selbst wenn schwere Lasten geladen worden waren, der Tiefgang des Bootes trotzdem kaum zunahm. So waren auch im Spätsommer und Herbst bei Niedrigwasser die Boote im Einsatz. Bei geringem Wasserstand wurden die kürzeren Stechruder benutzt.

Eugen Hailbronner stattete die Zillen teilweise mit einem doppelten Boden aus. Der Zweck dessen war, dass die Schuhe der Zillenfahrer nicht vom eindringenden Wasser nass wurden und dass die oft schwere Last die Planken nicht beschädigte.
Zur Ausrüstung der Zillen gehört eine Schöpfkelle,die dazu diente, herein geschwapptes Wasser wieder ausschöpfen zu können.
Die kniehohe Bordwand diente auch zum Andrücken des Knies für den Paddler, besonders beim Anlande Manöver und beim „Wassern".
Unsere Zillen fanden Verwendung für den Transport schwerer Lasten wie Steine, Sand und Erde. Ja Loren und Eisenträger wurden flussaufwärts in den Lastenkähnen von 4 Männern gezogen, also getreidelt.

Zum Transport besonders schwerer Steine für die Uferbefestigung wurden manchmal die zwei Zillen mit einer „Brücke" zusammen gebunden. So konnte die doppelte Last transportiert werden.

Was wurde mit den Zillen alles transportiert?
Hier müssen wir drei Verwendungszwecke der Zillen auseinander halten:

Zillen wurden zum Pontinieren, also zum Überqueren des Flusses, benutzt. Der Personenverkehr aber war unbedeutend und nur sporadisch.

Donauquerung am Platz der heutigen Holzbrücke (A)

Donauwehr mit Zille, 1929 (LG)

Donauwehr mit Zille, 1914 (JB)

In erster Linie wurden Erntegüter von der einen Seite der Donau, auf der sich die Felder befanden zur anderen Seite transportiert. Von Herrn Hungerbühler aus Neufra wurde mir berichtet, dass mit einer privaten Zille noch um 1950 Heu von der Altheimer Seite nach Neufra befördert worden ist.

Zum Zweiten wurden die Zillen mancherorts zum Fischereibetrieb verwendet.

Drittens: Baumaterialien wie Steine, Sand und Erde, die für den Flussbau verwendet wurden, aber auch schweres Gerät, wie Loren und Eisenträger wurden von den Flusswarten befördert, wie wir bereits gesehen haben. Getreide und gegerbte Felle waren ebenfalls transportierte Güter.
In keltischer Zeit wurden wahrscheinlich bereits geschmolzene Eisenerzbarren und Salz befördert. Auch der Transport von Wein in Amphoren und mit Körben geschützt ist überliefert. Aber eines der wichtigsten Güter war Salz.
Auch stromaufwärts wurde Salz transportiert, wie beiliegendes Foto zeigt. Vermutlich von Salzburg über die Salzach in den Inn und dann in die Donau und dann flussaufwärts bis zum Salzstadel nach Ulm.

Salzzug auf der Donau bei Ulm (2)

Schopper

Das Wort „Schopper“ für die Schiffsbauer wurde aus dem Österreichischen übernommen. Es beschreibt sowohl den entscheidenden Vorgang, nämlich das „Abdichten“ der Bordwände, das „Schoppen“, als auch das Werkzeug dazu, ein spezieller Hammer, den „Schopper“ und ist personifiziert worden für die Zillenbauer.
Dazu zitiere ich aus dem Buch „Schopper und Zillen“:
„Das Moos wird auf dem Oberschenkel gerollt ... und dann in die Fuge gesteckt.
Mit dem Schopper wird das Moos fest in die Fuge eingeschlagen.“ (20)

Gab es in Riedlingen Zillenbauer?

In Riedlingen gab es zwar Gerber und heute noch einen Tuchplatz und einen Holzplatz. Jedoch finden sich keine Hinweise auf einen „Schopperplatz". Im deutschsprachigen Raum entlang der Donau wurden die Plätze, an denen Zillen gebaut wurden, Schopperplätze genannt. Sägemühle, Holzplatz und intensive Holzverarbeitung, besonders im 16. Jahrhundert, lassen jedoch vermuten, dass die eine oder andere Zille im Laufe der jahrhundertealten Geschichte doch hier gebaut worden sein könnte.

Die Zillen haben keinen Kiel, kein Schwert, keine Finne und kein Lenkruder

Betrachtet man die Zille von unten, so fällt besonders auf, dass sie breit und flach ist. Unsere Zillen haben kein Schwert. Das ist auch nicht nötig, weil sie keinen Kiel haben und deshalb nicht instabil im Wasser liegen. Stattdessen sind die Planken zu einer breiten Schwimmfläche ausgearbeitet. Diese Auflage beträgt etwa 2/3 der gesamten Bootsbreite.

Der Kiel ist die spitz zulaufende Rumpfform der Boote.

Kleiner als das „Schwert", das zur Bootsstabilisierung dient, wäre die am Heck angebrachte „Finne". Auch sie dient zur Stabilisierung der Schiffe. Auch sie fehlt bei unseren Zillen.

Ein „Heckruder" zum Lenken des Bootes, wie wir es von den Motorbooten gut kennen, fehlt ebenfalls. Wir haben ja gesehen, dass die Zillen mit den Stechpaddeln, die als Ruder eingesetzt werden können, gelenkt werden. (siehe S. 189)

Was sind die Vorteile dieses „nackten" Rumpfes.

Schwert, Finne und Ruder würden nach unten überstehen. Da aber die relativ flachen Gewässer nur einen geringen Tiefgang zulassen, musste bei der Konstruktion die Verbreiterung des Rumpfes zur Stabilisierung ausreichen. Und das tut sie auch. Selbst bei schweren und sperrigen Lasten und bei starker Strömung sind die Zillen stabil. Sie kentern kaum. Schwert, Finne und feste Ruder würden auf Grund stechen und abbrechen oder die Fahrt behindern.

Plätten:
In vielen Gegenden, besonders im Bayrischen wird die Zille synonym als „Plätte" bezeichnet. Dieser Begriff zeigt das charakteristische der Zillen auf, nämlich die platte Form des Zillenbodens und damit ihr geringer Tiefgang.

Schuggele:
Das „Schuggele" ist eine kleine Zille, in der nur 1 Mann stehen kann. Auch hier ist unter dem schönen schwäbischen Wort das Wichtigste gesagt, nämlich das Anschieben, also das „Schuggen" der kleinen Zille durch den stehenden Fahrer. Selbstverständlich wird auch auf dem „Schuggele" das Stechpaddel benutzt.

Philipp Neumüller und Papa mit einem Nachbau der Riedlinger Zille, gefertigt in der forensischen Arbeitstherapie der Münster-Klinik Zwiefalten unter Herr Caspar

(S)

Ein anderer interessanter Zusammenhang, der gar nicht mit Schiffen in Verbindung gebracht wird, ist noch folgender: In Berlin lebte von 1858 bis 1929 der Maler, Graphiker und Autor *Heinrich Zille*. Er wurde durch seine teils humoristischen, teils satirisch anklagenden Darstellungen aus dem Milieu der einfachen und oft armen Berliner Bürger in Bildern und knappen Worten bekannt. Da dieser Name nun in Berlin vorkommt, andererseits aber auch im Spreewald Stechpaddel zu finden sind, liegt doch wohl auch hier eine Verbindung zu den Holzlastenkähnen nahe.

Der Erbauer

Eugen Hailbronner,
gemalt von Albert Kneißler (10)

Der bisher letzte Zillen- und Schiffbauer **Eugen Hailbronner** stammte aus der bedeutendsten Ulmer Schiffer- und Fischer-Familie, der Familie Hailbronner. Seine Frau Lise Hailbronner hat uns, der Nachwelt, ein wertvolles Buch hinterlassen, das über das Leben dieser Familie, die Fischerei und den Schiffbau an der Donau, speziell in Ulm, Auskunft gibt.
Eugen Hailbronner wurde 1909 geboren. Ihm ist es zu verdanken, dass der Holzschiffbau in Ulm so lange betrieben wurde. Er war der letzte gelernte Schiffbauer an der deutschen Donau.

Zwei gekreuzte Stechpaddel auf einem gemalten Kirchensitzschild der Fam. Hailbronner von 1737 aus dem Ulmer Münster (10)

Acht Tage, nachdem seine Frau Lise das Buch „Ein Leben mit der Donau" fertig gestellt hatte, verstarb Eugen Hailbronner am 22. März 1988.
In diesem Büchlein, das auch über seine Vorfahren, über sein Lebenswerk und über die Ulmer Schiffsbau-Tradition und Fischerei, - denn oft waren diese Berufe kombiniert -, berichtet, lesen wir auf Seite 11 über die ersten Schiffsnachweise in Ulm:

„In der Beschreibung des Oberamtes Ulm von 1836, Seite 98, ist zu lesen: Bis 1571 soll die Fahrt auf Flößen gemacht worden sein, aber die Schiffmacher oder Schopper bildeten längst vorher eine eigene Innung; nach einer Ordnung vom Jahre 1475 durften sie kein Schiff länger als 75 Fuß und nicht breiter als neuneinhalb Fuß machen (ein Ulmer „Fuß" oder „Schuh" war 0,2922 Meter)." (10)

Die Schiffe hatten also eine Länge von etwa 22,5 Metern und eine Breite von 2 Metern und 85 Zentimetern. Zum Vergleich: die „Riedlinger Zille ist 7 Meter lang und 1,06 Meter breit.
Ich zitiere weiter aus dem Buch „Ein Leben mit der Donau" von Lise Hailbronner:

„Die ältesten Stadtansichten zeigen als große Wasserfahrzeuge nur Flöße, daneben aber auch kleine Zillen. Die späteren Ulmer Schiffleute heißen noch bis Ende des 16. Jahrhunderts Floßleute. Das Flößen von Stamm- und Schnittholz illerabwärts bis Ulm wurde teils von Floßleuten, die zur Fischerzunft gehörten, teils von Flößern der illeraufwärts in den Ortschaften bis Kempten eingesessenen Familien betrieben.
Ein Teil der so Ulm erreichenden Flöße wurden von Ulmer Floßleuten umgebunden, von ihnen zum Waren- und Personenverkehr donauabwärts eingesetzt und dazu sicher je nach Bedürfnis – wie später die Schiffe – mit schützenden Anbauten versehen." (10)

... es folgt in diesem Buch ein Zitat aus „Ulm – Stadtgeschichte", Seiten 174/175 von Prof. H.E. Specker, Ulm, 1977:

"Der ständige Transport auf massiven Stammflößen verschlang eine unheimliche Menge an Holz, wie der Bedarf vor allem in den Türkenkriegszeiten notwendig wurde. Dies veranlasste den Ulmer Rath 1570 als Gegenmaßnahme größere Schiffe durch die Ulmer Schiffer und Floßleute nach österreichischem Vorbild und unter Anleitung von österreichischen Schiffbauern herstellen zu lassen (Schoppern)". (10)

Soweit die, sicherlich auch für die Riedlinger Stadtgeschichte, wichtigen Informationen aus dem Buch von Lise Hailbronner.

Sägmühle im Winter, heute Volksbank Riedlingen um 1900 (A)

Stadt Riedlingen an der Donau von Adolph Kunike (A)

Die Donau:

Die starke Strömung ist durch den Höhenabfall am Rande der Schwäbischen Alb bedingt. Die Donau entspringt ja bekanntlich in 1078 Höhenmeter an der Kapelle in Furtwangen und hat bis nach Riedlingen, die Versickerung zwischen Immendingen und Friedingen außer Acht lassend, schon fast die Hälfte des Gefälles verloren, denn Riedlingen liegt, wie wir eingangs gesehen haben bei 539 Meter über normal Null. Bis ans Schwarze Meer nach Sulina stehen der Donau also noch 539 Höhenmeter auf einer Gesamtlänge von 2006 Kilometern zur Verfügung.
Aus dem sehr wertvollen Buch „Die historische Donauschiffahrt" von Herrn Otto Meißinger stammt das Folgende:

„Die Donau ist einer der schönsten und mächtigsten Ströme der Erde. ... Der Fluß führt heute von seinem Ursprung bis zur Mündung den Namen Donau. Die alten Griechen nannten ihn Istros, die Römer Danubius. Später gebrauchten die Römer beide Namen nebeneinander. Die Bezeichnung Danubius bezogen sie auf den Oberlauf bis zu den Katarakten am Eisernen Tor, den Namen Istros (Ister) verwendeten sie für den Teil unterhalb dieser Stromenge bis zur Mündung.
Die schiffbare Länge der Donau von 2632 Kilometern gewinnt gegenüber der Wolga an Bedeutung, da mit den 13 Nebenflüssen des Stromsystems die Schiffbarkeit auf 8000 Kilometer erweitert ist. ...
Die Kilometrierung beginnt in Sulina am Schwarzen Meer mit der Nullmarke. ...
Die Strombreite beträgt in Passau ca. 100 Meter, in Wien 280 Meter, ... und in den unteren Streckenabschnitten 800 bis 1000 Meter. ...
Die Tiefe der Donau wird auf der Strecke Regensburg – Passau mit 0,80 bis 7,60 Metern, Linz – Wien mit 1,10 bis 9,00 Metern ... und Turn-Severin bis Sulina mit 2,50 bis 40,00 Metern angegeben. ...
Die Stromgeschwindigkeit beträgt im niederösterreichischen Bereich bei einem mitt-

leren Wasserstand 8 Kilometer pro Stunde, das sind 2,2 m/sec, im anschließenden Strombereich von Ungarn nur mehr 4 Kilometer pro Stunde, das sind 1,1 m/sec. ...
An der unteren Donau werden bei Hochwasser Flächen bis 20 Kilometer Breite überschwemmt.
Gigantisch sind die Wassermassen, die der Strom mit sich führt. In einer Sekunde fließen bei normalem Wasserstand 6500 Kubikmeter in das Schwarze Meer.
Die Donau arbeitet immer. Sie befördert bereits bei einer Geschwindigkeit von
0,15 m/sec groben Schlamm
0,20 m/sec feinen Sand
0,30 m/sec groben Sand
0,70 m/sec feinen Kies
1,20 m/sec Kieselsteine
2,00 m/sec große Steine und
3,00 m/sec kleine Felsblöcke.
Sie schwemmt ab, transportiert, baut auf und zerstört wieder. So hat sie durch Jahrtausende ihr Strombett verändert und tut es heute noch, obwohl ihr in unserer Zeit durch die Stromregulierung gewisse Grenzen gesetzt sind. ...
.. Ende des 18. Jahrhunderts (1777 bis 1792) begann man mit Felsabsprengungen im Struden unterhalb von Grein, um die ärgste Gefahr für die Schiffahrt zu bannen. ...
Wie gewaltig solche Hochwässer werden können, zeigt, dass am 18. September 1899 die Hochwasserfluten bei Wien eine Höhe von plus 566 cm erreicht hatten. Die Stromgeschwindigkeit stieg auf 3,6 m/sec. 10550 Kubikmeter Wasser sind in einer Sekunde bei Wien vorbeigeflossen. ...
Die gewöhnlichen Hochwässer der Donau erheben sich meistens nicht über die Höhe der Flussinseln, der Auen und über das Vorgelände. ...

Besonders unheilbringend können Eisstöße sein. Solche bilden sich dann, wenn beim eisführenden Strom durch Eisanschoppung plötzlich lokale Anschwellungen entstehen, deren Grenzen nicht vorauszusehen sind. Die Eisschollen verkeilen sich auf der

(LG)

Eisstoß am Riedlinger Donauwehr 1929 (LG)

ganzen Strombreite und frieren zu. Der Eisstoß beginnt zu „bauen“.
Es ist uns überliefert, dass im Jahre 1328 der Eisstoß an der Donau 17 Wochen lang gestanden ist. Am 16. Februar 1658 riß der Eisstoß die Schlagbrücke und die große Donaubrücke in Wien weg, wobei 7 beladene Salzwagen in den Strom stürzten und dabei 7 Menschen den Tod fanden. Im Februar 1768 war die Donau bis auf den Grund zugefroren. Als der Eisstoß dann riß, ist großer Schaden .. entstanden ... Der letzte Eisstoß des Winters 1929 ist im März abgegangen, ohne in unserem Bereich wesentlichen Schaden verursacht zu haben.
Die Brücke in Linz wurde in einem Zeitraum von 1735 bis 1769 sechsmal zerstört. Die hölzerne Donaubrücke in Stein (1463-1895) war oft Schauplatz von Zerstörungen durch Eisstöße, Hochwässer, aber auch durch Schiffsunfälle. Die letzte große Katastrophe an dieser Brücke ereignete sich am 2. September 1884. ...“

Donaudurchbruch bei Weltenburg, Ulmer Schachtel (16)

Die Donau bei Regensburg. Ulmer Schachteln und Floß (16)

Geschichte der Donauschifffahrt

Titelbild des Buches „Historische Donauschiffahrt“ von Otto Meißinger, Schiffzug mit Pferden (16)

Zu diesem Thema lesen wir zunächst wieder von Otto Meißinger:

„Seit welcher Zeit die Donau mit Schiffen befahren wurde, ist nicht mehr festzustellen. Es ist aber wahrscheinlich, dass die Donau seit urdenklichen Zeiten als Verkehrsweg benützt wurde. Jahrhunderte vor Ankunft der Römer waren Schiffe auf diesem Strom. ...

... Aus dem siebenten Jahrhundert vor Christus stammen die ersten historischen Nachrichten. Der Griechische Geograph Strabo berichtet, dass Griechen aus Argos und Milet die Donaumündung aufwärts fuhren und das eiserne Tor erreichten. Im fünften Jahrhundert vor Christus steht der Donauverkehr auf einer überraschend hohen Stufe, nachdem die Griechen zahlreiche emporblühende Kolonien am Donauufer angelegt hatten. Herodot (ca 450 v. Chr.) berichtet vom Donauübergang des Königs Darius, der den Strom während des Feldzuges gegen die Skythen auf siebenhundert Schiffen übersetzte.

... Die Römer erweiterten unter Kaiser Trajan den Schiffahrtsweg so weit, dass ihre Schiffe von den Provinzen Dacien (Siebenbürgen) und Mösien (Bulgarien) bis Ulm vordringen konnten. Bis zum Jahre 70 n. Chr. beherrschten die Römer das ganze Donautal. Ihre Schiffahrt diente vorwiegend militärischen Zwecken." ...

Mit der zunehmenden Besiedlung der Donauprovinzen Noricum, Panonien und Mösien entwickelte sich ein reger Handel in diesen Gebieten, der dann in weiterer Folge bis in den Mittelmeerraum reichte. Hauptsächlich wurden Nahrungsmittel (Getreide, Gemüse usw.), daneben aber auch Ziegel und Erze auf dem Wasserweg verfrachtet.

Für die Kenntnis der römischen Schiffahrt ist die Darstellung von Schiffen auf der zu Ehren des 180 verstorbenen Kaisers MARCUS AURELIUS errichteten Säule von Bedeutung.... Auf der jetzigen Piazza Colonna in Rom aufgestellt. Unter den Kriegsepisoden, die darauf dargestellt sind, finden wir Donauschiffe, deren Bauart wohl nicht von den Römern mitgebracht, sondern von ihnen bereits vorgefunden wurde. Auch auf der Triumphsäule des Kaisers TRAJAN in Rom sind Donauschiffe abgebildet. Daraus geht hervor, dass die Römer neben den rein militärischen Fahrzeugen für Kriegszwecke (Libur-

nen) landesübliche Wasserfahrzeuge benützt haben.
Die Schifform hat sich in ihren Grundzügen bis zum Ende der Ruderschiffahrt erhalten."

Ende des Zitates aus dem Buch „Die historische Donauschiffahrt"

Für uns hier in Riedlingen, für die Federsee- und für die Heuneburg-Forschung sind dabei drei Stellen von elementarer Wichtigkeit:
1. *„..dass die Donau seit urdenklichen Zeiten als Verkehrsweg benützt wurde."*
Es ist also mit steinzeitlichen Funden zu rechnen, und damit, dass die Ureinwohner aus dem Federseeschilf mit ihren Einbäumen über die Kanzach und vielleicht auch über die Ach (Ödenahlen - Dettenberg - Sulzbach - Mühlhauser Bach - Rottenacker) zur Donau gelangt sind.
2. *„Im fünften Jahrhundert vor Christus steht der Donauverkehr auf einer überraschend hohen Stufe, nachdem die Griechen zahlreiche empor blühende Kolonien am Donauufer angelegt hatten".*
Das ist die Zeit der „Weltkultur" der Kelten mit ihrem Fürstensitz auf der Heuneburg. Eben dieser Geschichtsschreiber Herodot schreibt über die Kelten: *„Denn der Istros entspringt im Keltenlande bei der Stadt Pyrene und fließt mitten durch Europa. Die Kelten aber sind jenseits der Säulen des Herakles und Nachbarn der Kynesier, die im äußersten Westen Europas wohnen. Der Istros aber mündet in den Pontos Euxeinos bei der Stadt Istria, einer Kolonie von Milet."* (5)
Es ist anzunehmen, dass zu der Stadt „Pyrene" die Heuneburg mit ihrem Fürstensitz, den Grabhügeln und den Außensiedlungen gehörte. Daraus darf aber dann geschlossen werden, dass die Donau bei uns hier von den Kelten als Schifffahrtsweg benutzt worden ist. Die Namensgebung „Tarodunum" für Riedlingen rückt also in greifbare Nähe.
3. Der Dritte bedeutende Satz ist: *„Bis zum Jahre 70 nach Christus beherrschten die Römer das ganze Donautal."* Auch diesen Satz kann ich nach meinen Forschungen und Überlegungen nur voll unterstreichen.

(Auf die danach folgende Geschichte der Alemannen gehe ich nicht ein.)

Zur Untermauerung dieser Thesen füge ich Zitate aus Günther Wielands Aufsatz über „Keltische Flussschifffahrt in Südwestdeutschland" (23) an:

Zunächst zitiert er selbst: „*Die natürlichen Wasserstraßen, Flüsse und Seen, haben -abgesehen von zum Teil sehr starken lokalen Veränderungen von Fluss-Schleifen, Seeufern usw. - ihren Verlauf im Großen und Ganzen in den letzten Jahrtausenden beibehalten. Deshalb gibt das heutige Flussnetz etwa seit dem Neolithikum eine annähernd zutreffende Vorstellung vom vor- und frühgeschichtlichen Wasserstraßennetz, wobei die geringe Schiffsgröße ein Befahren selbst von Bächen möglich machte. Die Binnenwasserstraßen sind damit das am besten bekannte Netz vor- und frühgeschichtlicher Verkehrsbahnen."*

Diese 1978 von Detlev Ellmers getroffene Feststellung wird auch heute noch von der archäologischen Forschung viel zu wenig zur Kenntnis genommen, wenn es um die Hintergründe der Herausbildung lokaler Siedlungskonzentrationen, Machtzentren und Wirtschaftsräume geht. Dies liegt in erster Linie an der Schwierigkeit des archäologischen Nachweises: Originalfunde von Binnenschiffen aus vorgeschichtlicher Zeit sind relativ selten.

Bei der Frage nach der keltischen Flussschifffahrt in Südwestdeutschland werden uns immer wieder vier Themen beschäftigen, die eng miteinander verflochten sind:

- *Die Art der Wasserfahrzeuge, bzw. ihre Bauweise,*
- *die Schiffbarkeit der Flussläufe,*
- *die eigentliche Nutzung der Wasserfahrzeuge und die Transportgüter,*
- *und schließlich die Frage nach den Landstationen, bzw. Anlegestellen.*

Bei all diesen Teilaspekten stoßen wir auf große Probleme, und es kann nicht genug betont werden, dass wir bei weitem noch nicht in der Lage sind ein klares Bild der vorgeschichtlichen Flussschifffahrt auf den süddeutschen Flüssen zu zeichnen. Sicher in keltische Zeit datierte Flussschiffe haben sich hier bislang nirgendwo gefunden. Vor-

erst müssen wir uns also mit fragmentarischen Hinweisen, vergleichbaren Verhältnissen in anderen Regionen und Hypothesen begnügen.
Grundsätzlich steht natürlich die Frage nach der Schiffbarkeit der kleinen Flüsse in keltischer Zeit am Beginn unserer Überlegungen. Nach den Forschungen von M. Eckoldt und H. Flohn soll das Jahresmittel der Wasserführung mitteleuropäischer Flüsse im 1. Jahrhundert v. Chr. etwa 120% des heutigen Wertes betragen haben, außerdem dürfte die Wasserführung gleichmäßiger übers ganze Jahr verteilt gewesen sein. Das würde heißen, dass auch Flüsse schiffbar waren, denen man dies heute nicht mehr ansieht. Für einen regelmäßigen und professionellen Frachtverkehr war aber auch ein gewisser Unterhalt nötig, das Freihalten von Treidelpfaden etwa. Dennoch dürfte die Flussschifffahrt einer Menge von Unwägbarkeiten und Risiken ausgesetzt gewesen sein: Auflaufen auf Kies- und Sandbänke, dadurch mehrfaches Ein- und Ausladen der Fracht, Freimachen der Fahrrinne von angeschwemmten Bäumen, etc. Mit solchen und ähnlichen Hinderlichkeiten musste immer gerechnet werden. (Diese Aufgaben hatten besonders vermutlich die ersten Siedler am Wasserfall in Riedlingen. Anm. Verf.)
Wenig wissen wir über die Schiffe selbst, klar scheint aber, dass man für den umfassenden Güter- und Personentransport in keltischer Zeit bereits weiterentwickelte Schiffsformen kannte. Dies möchte man auch dem Bericht des antiken Historikers Strabon (ca. 64 v. Chr. bis ca. 20 n. Chr.) herauslesen, der von einer „Seeschlacht" auf dem Bodensee berichtet, die Tiberius im Rahmen des Alpenfeldzuges 15 v. Chr. gegen die keltischen Vindeliker geschlagen hat. Man mag den Ausdruck „Seeschlacht" vielleicht als übertrieben empfinden, eher dürfte es sich um ein Geplänkel, eine Art Fischerstechen gehandelt haben, bei welchem diverse Kähne und wohl auch Flöße und Einbäume als „Kriegsschiffe" gedient haben. Die Bedeutung der Nachricht für das hier zu behandelnde Thema ist dennoch gegeben, belegt sie doch schriftlich, dass es um die Zeitenwende auf dem Bodensee eine nennenswerte Schifffahrt gegeben haben muss. Die keltischen Bodenseeanlieger dürften diese einmal zum Zwecke der Fischerei betrieben haben, daneben spielte wohl auch Handel, bzw. bequemer Gütertransport

auf dem Wasserweg eine wichtige Rolle. Für die jüngere Late`nezeit sind durch den Grabfund von Chaumont (De`p. Haute-Marne) mit Querbalken verbundene Einbäume belegt. Mit aufgesetzten Plattformen versehen, dienten sie anscheinend hauptsächlich als Fähren zum Übersetzen von Menschen, Wagen und Vieh, wie es auch Caesar für die Überquerung der Saône durch die Helvetier schildert. Fähren dieses Typs werden noch im 6. Jahrhundert bei Gregor von Tours erwähnt und sind unter dem Namen „Ponten" bis ins 19. Jahrhundert belegt. Unter den Einbäumen aus dem Federseemoor sind älteren Angaben zufolge angeblich auch Exemplare, die ins 8./7. Jahrhundert v. Chr. datiert werden, somit in die ältere Hallstattzeit gehören würden. .... Neuere Ansätze im Zusammenhang mit einer Jahrringchronologie des Federseegebietes haben bislang keine hallstatt- oder late`nezeitlichen Einbäume nachweisen können. Andererseits sind mittlerweile hallstattzeitliche Siedlungen im südlichen Federseeried nachgewiesen, so dass man schon damit rechnen kann, dass keltische Fischer den See mit Booten befahren haben. Lange Zeit galt auch ein Fund aus dem Neckar als Zeugnis für keltische Flussschifffahrt. .... Mit dem Einbaum wurden etwa 10 doppelpyramidenförmige Eisenspitzbarren entdeckt, in denen man die ehemalige Ladung des Bootes sah.

Über diese Form der Eisenbarren, die von der Hallstatt- bis zur Römerzeit gebräuchlich gewesen zu sein scheint, kann keine nähere Datierung erfolgen, ... dendochronologische Untersuchung und eine Radiokarbondatierung vorgenommen... ergaben, dass der Einbaum nicht vor dem Jahr 1330 +- 10 AD (n. Chr.) hergestellt worden sein kann, es sich bei diesem Boot somit um

Wer kennt solche Spitzbarren? (23)

einen mittelalterlichen Fund handelt. Zahlreiche Funde von Briquetagen (Formsalzgefäßen) in keltischen Siedlungen am mittleren Neckar legen die Vermutung nahe, dass die Salzquellen dieser Region schon in keltischer Zeit genutzt wurden. (Anm. Verf.: bei Salzstetten, Sulz oder Stetten bei Haigerloch ?) *...Der Transport und die Distribution des Formsalzes dürften überwiegend auf dem Wasserweg erfolgt sein. Nebenbei bemerkt: Bis in die Neuzeit war das Formsalz ein typisches Transportgut der Binnenschifffahrt."*

Ich erlaube mir, wegen der enormen Wichtigkeit noch einige Stellen zu zitieren: *„Nutzung und Kontrolle dieser Verbindung...* (hier ist der Neckar gemeint, Anm. Verf.) *...dürften aber auch schon einer der Faktoren gewesen sein, die zur Herausbildung keltischer Machtzentren im Neckarland führten. Auch an der oberen Donau bei Hundersingen dürften Nutzung und Kontrolle und Hindernislinie für Übergriffe die Gründe sein.*

Für den europaweiten Fernhandel wurden auf den Flüssen statt der Einbäume wesentlich tragfähigere Plankenboote eingesetzt, die in das 6./5. Jh. v. Chr. datiert werden. Das Boot ist in mediterraner Technik „geschnürt"... (Anm. d. Verf.: das Nähen der Boote ist von Robben- oder Seehundhaut-Booten der Grand Magnon Menschen vor 40 Tsd. Jahren bereits bekannt. Solche Boote werden heute noch von den Eskimos und den Inuits für die Robbenjagd verwendet. Das „Nähen" und „Schnüren" der Holzboote ist also abgeschaut), *...d.h. der Plankenverbund wird durch randlich gebohrte Löcher und ein durchgezogenes Seil erreicht. Dieselbe Konstruktionstechnik weist der Prahm aus dem Laibacher Moor auf (s.u.), der ja auf keltischem Gebiet gefunden wurde. Man muss also zumindest in Erwägung ziehen, dass der keltische Schiffsbau auch von mediterraner Technik beeinflusst wurde.... Schiffe dieser Bauart konnten bei relativ geringen Abmessungen (Länge um 10 m, Breite von ca. 2-3 m) schwerste Lasten tragen, ohne dass der Tiefgang etwa 0,4 m überschritt.* (Anm. d. Verf.: Die Donau bei Hundersingen und Riedlingen hat bei Mittelwasser nach Angaben des Landesbetriebes Gewässer heute eine Tiefe von 0,40 – 0,50 m).

So konnten auch relativ seichte Gewässer problemlos befahren werden. Die Prähme (Anm. d. Verf.: Weiterentwickelte Einbäume) *wurden wohl überwiegend getreidelt oder gestakt. Die Treideltechnik, bei der das Schiff mit dem Seil vom Ufer aus geschleppt wird, ist vom mediterranen Raum schon lange bekannt, nördlich der Alpen aber erstmals in frührömischer Zeit durch den Grabstein des Blussus aus Mainz nachgewiesen. ... Die wichtige Rolle der Flussschifffahrt in keltischer Zeit lässt sich anhand der Verbreitung von „Schwerlastgütern" aufzeigen, d.h. Handelsgut, welches wegen seines hohen Gewichtes, seiner Unhandlichkeit und seiner Bruchgefährdung für den Transport auf dem Wasserweg prädestiniert ist. Neben Mühlsteinen, Eisenbarren und Formsalz* (Anm. d. Verf.: In Formsalzgefäßen = Briquetagen) *sind es vor allem die Amphoren aus dem Mittelmeerraum, deren Reste uns heute auf die Spur der Flussschiffer führen. In ihnen wurde wohl vor allem Wein und Olivenöl verhandelt.*

Die Bedeutung des Weinimports ins keltische Mitteleuropa dürfte sehr groß gewesen sein. Bereits für die frühkeltische Hallstattzeit bezeugen Fragmente graecoproven´calischer Amphoren im Fundgut des „Fürstensitzes" Heuneburg an der oberen Donau eine europaweite Beziehung, auch wenn wir die Art und Weise der „Austauschbeziehung" bislang nicht näher definieren können und in Ermangelung treffender Begriffe meist neutral von „Südimport" sprechen. ... Amphorenreste finden sich in Süddeutschland vor allem in den Großsiedlungen direkt am Hochrhein (z. B. Breisach, Limberg bei Sasbach, Altenburg – Rheingau) bzw. in seinem Nahbereich (Kegelriß, Tarodunum). (Anm. d. Verf.: Dieses Tarodunum ist bei Hinterzarten) *Die bereits angesprochene Nord-Süd-Achse Rhonê – Rhein scheint für den umfassenden Transport von Amphoren von größter Bedeutung gewesen zu sein, wie entsprechende Funde immer wieder vor Augen führen. ...*

Die zweite wichtige Wasserstraße für Südwestdeutschland war die Donau. Ihre europaweite Bedeutung muss den griechischen Händlern schon früh bekannt gewesen sein. Bereits Herodot wusste, dass sie im Land der Kelten entspringt und bei den Skyten ins Meer mündet. Bislang nicht nachweisen lässt sich allerdings, ob die Donau in vorgeschichtlicher Zeit in ihrer Länge zu Handelszwecken mit Schiffen befahren wurde. Dies wurde bereits vermutet, beispielsweise als der Weg, auf welchem iranische Metallkunst, über Thrakien vermittelt, die mitteleuropäische Frühlatènekunst beeinflusst haben könnte. Dürftige Spuren solcher Prozesse könnten die Reste italischer Dressel 1-Weinamphoren sein, die aus den drei Viereckschanzen bei Heiligkreuztal, der Viereckschanze von Mengen-Ennetach sowie einer Höhle bei Beuron stammen. Diese Konzentration von Funden in einem kleinen Raum an der oberen Donau kann man nicht mehr als zufällig ansehen. Vielmehr spricht sie meines Erachtens dafür, hier in der jüngeren Latènezeit (2./1. Jh. V. Chr.) eine solche Umladestation an der Fernhandelsroute zu lokalisieren. Dass die hallstattzeitliche Heuneburg in derselben Kleinregion liegt, lässt vermuten, dass auch Südimport schon auf diesem Weg an die obere Donau gelangte. Höchstwahrscheinlich ist dieser Weg aber noch wesentlich älter.

Das Oppidum von Altenburg – Rheinau am Hochrhein wurde ganz zu Recht als Kopfstation einer Route von der Rhône über die Seen des Schweizer Mittellandes und die Aare zum Hochrhein gesehen. Von dort führte eine Landpassage zur oberen Donau, wo die Güter wieder auf Lastenkähne umgeladen wurden. Sicher scheint, dass diese Landstrecke nicht durch den Klettgau nach Hüfingen geführt hat. Der wahrscheinlichste Wegverlauf dürfte vom Hochrhein durch den Hegau geführt haben, um dann dem Ablachtal zu folgen. (Anm. d. Verf.: Das Kehlbachtal ist, wie ich selbst erprobt habe, schon vor der Bittelschießer Mühle zwischen Pfullendorf und Krauchenwies wieder schiffbar. Der Kehlbach ist ein Zufluß zur Ablach.) *Ab dort dürften wieder Flusskähne auf der Donau als Transportmittel bis nach Manching...* (Anm. d. Verf.: bei Ingolstadt) *...gedient haben. Die Landpassagen dieser zweiten Routenvariante sind jedenfalls wesentlich bequemer und kürzer. Es ist auch nicht auszuschließen, dass von der oberen Donau...* (Anm. d. Verf.: über die Braunsel oder Lauter) *...eine weitere Landpassage nach Norden über die Schwäbische Alb zum Oppidum...* (Anm. d. Verf.: Oppidum = stadtähnliche keltische Siedlung) *...Heidengraben* (Anm. d. Verf.: bei Bad Urach) *geführt hat, d.h. dieses Oppidum hat Weinlieferungen vielleicht auf zwei unterschiedlichen (konkurrierenden?) Routen erhalten. ... Man*

verhandelte Wein (und andere Güter) zu den nordalpinen Kelten wohl in erster Linie deshalb, weil diese ein Vielfaches des reellen Wertes zahlten und nicht etwa, weil die Kelten Produkte anboten, die besonders begehrenswert gewesen wären. Man darf auch davon ausgehen, dass der Tauschhandel Wein gegen Sklaven üblich war.
Zweifellos haben auch bereits Holzfässer, angeblich eine keltische Erfindung, beim Weintransport eine Rolle gespielt; sie sind etwa in Manching nachgewiesen. Auch an der Verbreitung von Drehmühlen, welche aus einer permischen Brekzie des Südschwarzwaldes hergestellt wurden, möchte man ablesen, dass der Transport auf dem Wasserweg das Übliche war. Bei der Erwähnung des Einbaumfundes in der Kochermündung ist ein weiteres Schwerlastgut erwähnt worden, nämlich das zu Spitzbarren aus geschmiedetem Eisen.
Eine „Landstation" oder besser eine „Umladestation" für die Flussschifffahrt könnte in keltischer Zeit auch die Heuneburg an der oberen Donau gewesen sein. Ab hier konnte die Donau wohl wieder mit Kähnen befahren werde. (Anm. d. Verf.: sie konnte es sicherlich, wie die Bilder beweisen.) *In der jüngeren Latènezeit dürfte ebenfalls noch eine solche Station zwischen Mengen-Ennetach (bei der dortigen Viereckschanze?) und Hundersingen gelegen haben, wie dies Funde von Amphorenscherben vermuten lassen(s. o.). Die verkehrsgeographische Bedeutung der Region und die lange Tradition der Handelsrouten sind so offensichtlich, dass man sich fragt, warum sich nicht hier in der jüngeren Latènezeit ein Oppidum etabliert hat; ...*
Das komplizierte Netz aus Flussschifffahrt, Fernhandel, Handels- und Handwerkerzentren im spätkeltischen Süddeutschland scheint wohl auch wegen der starken gegenseitigen Abhängigkeit der Einzelfaktoren ein plötzliches Ende erlebt zu haben."

Soweit die für Riedlingen und die Heuneburg wiederum sehr sehr wichtigen Aussagen aus der Arbeit von Günther Wieland. (23)

Die Zuflüsse zur Donau

Wie wir aus dem Buch von Otto Meißinger nun wissen, hat die Donau 13 Nebenflüsse und mit diesen zusammen ein Stromsystem mit einer Schiffbarkeit von 8000 Kilometern. Die wichtigsten Flüsse in unserem Raum, deren Namen allesamt keltischen Ursprungs sind, sind die Iller, der Lech, die Isar und der Inn. Die Flößerei und der Salztransport über die Salzach und die Traun zum Inn sollen beispielhaft Erwähnung finden.
Was uns hier in unserem Raum aber besonders interessieren dürfte ist die Schiffbarkeit der nächst kleineren Flüsse. Diese wurden mit der Endsilbe „...ach" bedacht.
Den Zuflüssen zu den großen Flüssen im alemannischen Sprachraum wollen wir uns nun einmal weiter zuwenden:

D e r Bach – D i e ...ach

D e r Bach

„Die Bäche" ist im Singular „d e r Bach". Beispiele aus unserem Riedlingen: Der Forchbach, der Zollhauserbach und der Röthenbach, der in Erisdorf entspringt und über Neufra zur Schwarzach fließt. Bei den Bächen haben wir es also grundsätzlich mit einer Zuteilung zum männlichen Geschlecht zu tun.
Ich möchte noch einen weiteren interessanten Bach, den Kehlbach, erwähnen. Der Kehlbach fließt von Pfullendorf bis Krauchenwies und dort in die Ablach. Eine alpine Gletscherzunge aus der Eiszeit hat dort ein so genanntes „Kehltal" oder „Trogtal" geformt. Also ist auch der „Kehlbach, wie die Schwarzach, der Reliktfluss in einem Eiszeitrelikttal.

Während die Bäche, oder besser gesagt, singulär, d e r (Maskulinum) Bach also von seiner Quelle nur zufließen kann, ...

D i e … ach

… können die …achen, wie im alemannischen Sprachraum die Flüsse 2. Ordnung heißen, das Bachwasser aus dem Bach (männlich) aufnehmen, sich quasi vermehren und sich selbst in einen großen Strom abgeben.
Im nicht alemannischen Sprachraum sind die Nebenflüsse in der Regel ebenfalls feminin. Zum Beispiel die rechten Nebenflüsse des Neckar: Die Prim (die Erste), die Schlichen, die Eyach, die Starzel, die Steinlach u. s. w.

D e r Rhein – d i e Donau

Erst die großen Flüsse können nun wieder männlich, wie der Rhein, der Neckar, der Kocher, der Don, der Mississippi, der Ganges oder weiblich sein, wie die Elbe, die Oder, die Wolga und die Donau. Häufig waren Gottheiten die Paten für die großen Flüsse. So auch bei der Donau, die urspünglich dem Gott Donar geweiht war.
Sie hieß ja auch bei den Römern d e r Istros und d e r Fluvius danuvius. So erkennt man an der Donau schön, wie zwischen männlicher und weiblicher Namensgebung hin und her geschwankt wurde.

Wir achten heute die Bedeutung der Flüsse als viel zu gering.

Die … achen

Das Wort „…ach" ist das althochdeutsche Wort „aha" für Wasser oder besser gesagt: „aha" oder „acha" steht für „etwas, das von A nach A fließt". Auch heute sagen wir ja, wenn etwas in unseren Verstand hineinfließt, wenn wir etwas verstanden haben „aha" ! Das Lateinische „aqua" ist wohl Pate für dieses Wort „aha" gestanden. Alle „…achen" hatten eine Patenstadt, bis zu der Treideln, Flößen und Bootfahren möglich war. Auch der Bau von Mühlen war an den „…achen" möglich. Damit Sie, liebe Leser, das nun verstehen, zähle ich einige „...achen" und mithin ihre gleich lautenden Patenorte auf: Stockach, Biberach, Rohrschach, Breisach, Kanzach, Ostrach, Lauterach, Urach. Die erste Silbe des Wortes ist die Charakterisierung des Flusses. „Kanzach" z.B. ist die (von Hainbuchen) eingesäumte, Eyach ist die von Eiben umgebene, Lauterach ist die „Lautere", das heißt, die Geläuterte, die also Wasser durch Versickerung (zur Braunsel hin) abgegeben hat und die kein weiteres Wasser durch Zufluss erhält. Hier ist im Dialekt das lang gezogene Schwäbische „a" („Lautera,"), das ebenfalls für „Wasser" steht, besonders markant.

Für die Riedlinger Veringer sind die Donau und die Schwarzach von entscheidender Bedeutung gewesen. „Schwarzach" heißt sie deshalb, weil das Gelände, in dem der Fluss mäandriert, völlig schwarz ist.
Diese schwarze Erde ist das Moor eines Reliktsees aus der Rißeiszeit und die Schwarzach ist der übrig gebliebene Eiszeitreliktfluss. Die Schwarzach entspringt bei Bad Saulgau und wird von vielen Quellen, die unterhalb von Bad Saulgau bei dem kleinen Patenort „Schwarzach" entspringen, gespeist. Hier ist ausnahmsweise nicht die Patengemeinde, sondern die 3 km flussaufwärts gelegene Gemeinde Bad Saulgau zu wirtschaftlichem Aufschwung gelangt. Der Volksheld „der schwarze Vere" spielt hier eine Rolle. Man beachte den Namen.

Schwarze Erde im Tal der Schwarzach (S)
bei Riedlingen-Neufra

Ich wiederhole: Alle lang gezogenen „a" in der schwäbischen Dialektsprache am Ende von Flüssen oder Ortschaften bedeuten „Wasser". Beispiele sind: Ennetach, auf Schwäbisch: Anadaa mit „Abla", dem Fluss Ablach, Kanza, Lautera. Auch die Bära (Bär - a) auf der Schwäbischen Alb bei Nusplingen verdient es, erwähnt zu werden. Ferner die Fehla und die Schmiecha bei Inzigkofen. Und so weiter.

Auch in dem Wort „Ur-ach“ steckt etwas Besonderes. Das Wort „ur“ nämlich. Das Wort „ur“ bedeutet nicht nur das „Ältere“, sondern auch, das „mit einem Wall oder Anhöhe Umgebene“.
Aus derselben Ableitung stammt das althochdeutsche Wort „uori“, aus dem „Würde“, Wehr, Wörth“ usw. abgeleitet wurde, wie wir an anderer Stelle schon gesehen haben. Ich muss immer wieder auf

die Denkweise „vom Wasser aus..“

aufmerksam machen, damit alle Begriffe verstanden werden können. Der „Wörthersee“ ist also genau so von einem Wall umgeben, wie der „Würdenhaken“ bei Altheim oder die Stadt Wertach an der Wertach und wohl auch das alte keltische „Tarodunum“.
Desweiteren darf ich noch einmal konkreter auf die Silben des Ortes „Ennetach“ aufmerksam machen: Die erste Silbe ist „Ennet“, die zweite ist „...ach“. „..ach“ kennen wir nun schon. In Ennetach ist die „...ach“, das Flüschen Ablach. Was heißt nun „Ennet“?
Wir alle kennen noch den Auszählreim aus unserer Kindheit: Enne mene Miste, s`krabbelt in der Kiste, enne mene mäck und du bist weg! „Enne“ steht für „gegenüber“, für den Partner oder schlicht für „du“, während „mene“ „ ich“, aber auch „hier, bei mir“ bedeutet. Um bei dem Auszählvers als Sieger hervorzugehen, muss man wissen, was „enne“ heißt und demzufolge muss man beim Beginn des Auszählverses mit dem Finger auf den Partner gegenüber zeigen und erst bei „mene“ auf sich selbst.
Ennetach und Mengen sind die beiden Orte jenseits und diesseits der Ach, der Ablach. Also ist auch hier dieses althochdeutsche Begriffspaar verwendet worden. Nun heißt aber Ennetach im Volksmund „Anna- d- aa“. Dies wiederum kennzeichnet dasselbe wie „enne“, nämlich „ jenseits“.
Uns ist das Wort „Ana“ und „Ene“ geläufig, für Oma und Opa. Hier meint „Ana“ und "Ene“ das Jenseits der Vitalität, der Blüte, der Jugend, der Fortpflanzungsfähigkeit.

Die „..achen“ waren also schiffbare Flüsse. Die Flüsse sind von der Bewirtschaftung her den heutigen Straßen an Bedeutung vorausgegangen und insofern sind sie auch mit diesen durchaus vergleichbar. So kam einem Bach etwa die Bedeutung einer heutigen Landstraße zu. Die „...achen“ würden heute einer viel befahrenen Bundesstraße entsprechen und die großen Flüsse wie die Donau und der Rhein, ja sogar die etwas kleineren „Are“ entsprächen den heutigen Autobahnen. So wichtig war der Güter- und auch Personentransport auf den Flüssen. Allerdings waren die Schiffe sicherlich nicht so zahlreich auf den Flüssen unterwegs, wie heute die Autos auf den Straßen.

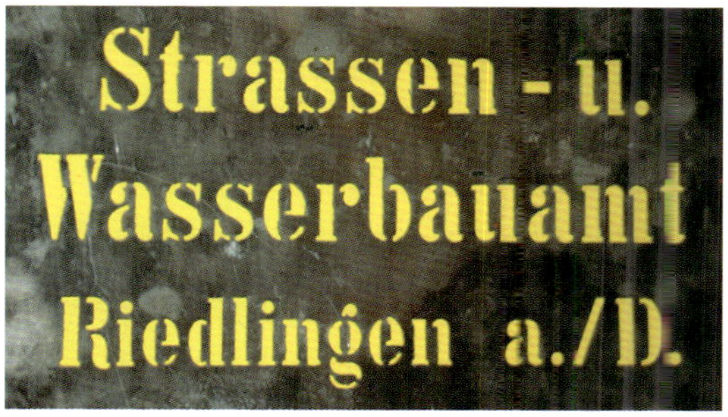

Ehemaliges Amtsschild (S)

Die Donau in ihrem oberschwäbischen Abschnitt sollten wir gedanklich, was Wasserführung, Strömung und Bewirtschaftungsmöglichkeiten anbelangt, viel eher mit ihren rechtsseitigen Zuflüssen aus den Alpen, Iller, Lech, Isar und Inn vergleichen, als mit ihrem weiteren Lauf unterhalb der Stadt Ulm.

Die Zusammenflüsse

Seit je her ist das Einmünden eines Seitenflusses von besonderer Bedeutung. Aus strategischer Sicht ist es lukrativer, einen Fluss und zugleich einen einmündenden Nebenfluss zu überwachen, zu kontrollieren und Flusszoll zu verlangen. Seit alters her sind also Städte und Burgen an diesen Stellen gebaut worden. Hier in unserem Raum möchte ich die Veringer Burg an der Einmündung der Schwarzach beim „Vöhringer Hof“ in Riedlingen anführen. Auf dem gegenüberliegenden Ufer auf dem „Eichenwäldle“ thronte die spätere Dietenburg und in Zwiefaltendorf an der Mündung der Zwiefalter Ach in die Donau das Schloss von Zwiefaltendorf.

Man denke aber auch an die großen Städte am Zusammenfluss großer Neben-

flüsse wie Ulm an der Mündung der Iller oder Regensburg an der Mündung der Regen. Diese Städte hatten immer eine überdurchschnittliche Entwicklung, weil Flussverkehr und Handel immer auch Menschen zur Ansiedlung veranlassten.
Militärisch betrachtet ist die Verbindungsstelle zwischen den Flüssen leichter zu verteidigen. Deshalb wurden viele Burgen auf den Einmündungsspitz gebaut. Andererseits ist eine solche Stelle aber auch besonders hochwassergefährdet. Um diesen attraktiven Plätzen genügend Hochwasserschutz zu bieten wurden seit alters her Dämme gebaut. Nur nannte man sie nicht „Hochwasserdämme" wie heute. Sie hießen wie gesagt:
Werten, Würden, Wörther, Würth, Wühre, Wert, auf der Wuhr oder Würde.
Die althochdeutsche Bezeichnung „Wuhr" (gesprochen: wüer) bedeutet: *„Damm am (im) Wasser (Bach, Weiher, See usw.) zum Abhalten oder Ableiten des Wassers"*.
In der „Etymologie des Schwäbischen" von Herrn Hermann Wax steht dazu weiter: *„ahd. (Althochdeutsch) u u o r i, mhd. (Mittelhochdeutsch) w u e r, w u o r e, w ü e r, w ü e r e-, zur selben Wurzel wie „wehren", „das Wehr", „die Wehr". ..."* (22)
Und dieses Althochdeutsche Wort „u u o r i" ist an das Griechische „u o r o s" und das davon abgeleitete Lateinische „u r o" angelehnt. Das ist uns bekannt vom „Urologen".
Dies ist also der schlüssige Beweis, dass wir es auch hier in Riedlingen mit einem alten Damm zu tun haben, wenn wir die Gewannnamen, „Würdenhaken" und „Werten" zwischen Altheim und Neufra betrachten.

Die Brücken

Besonders wichtige strategische Punkte waren die Brücken. Zum Einen natürlich aus militärischen Gründen, denn wenn der Feind nicht über die Brücke konnte, hatte er es schwer, in die Stadt zu gelangen. So sieht man in Riedlingen auf der Rehlinschen Karte das Bruck-Tor und die Zugbrücke.
Die meines Erachtens strategisch wichtigste Brücke in unserer Region ist jedoch die von Rechtenstein. Lesen Sie dazu im Kapitel „Die besondere Situation der Schwäbische Alb".

...abwärts auf dem Wasser

Der Holztransport auf den Flüssen

Das Flössen

Aus einem Aufsatz von Herrn Max Scheifele „Über die Flößerei in Südwestdeutschland" darf ich zitieren:

„So werden selbst kleine und unscheinbare Bäche mit Flossen befahren, kümmerliche Rinnsale oft erst durch künstliche Wasserstauungen für den Holztransport geöffnet.
In Südwestdeutschland sind die Voraussetzungen für den Flößereibetrieb besonders günstig, da der Großteil seiner Waldungen zu den Hauptfloßstraßen Rhein, Neckar und Donau hin entwässert. ... den Standorten der Großen Handelsstädte des Mittelalters. Ohne die gewerbsmäßig betriebene Flößerei wäre die Herausbildung und Expansion dieser vorindustriellen Wirtschaftszentren angesichts ihres hohen Holzverbrauchs nicht möglich gewesen. Die Kunst des Flößens ist uralt. Wir finden sie bereits im Alten Testament erwähnt, ja die Schiffahrt wird sogar als die Tochter der Flößerei bezeichnet. Denn einfacher als einen Einbaum auszuhöhlen oder ein Boot zu zimmern, ist die Verbindung mehrerer Baumstämme zu einem Floß.
Das bisher älteste, nördlich der Alpen gefundene Floß fand sich im Federsee bei Bad Buchau in Oberschwaben und dürfte wohl aus der jüngeren Bronzezeit (1500-800 v. Chr.) stammen. Es bestand aus wenigen, etwa 5 m langen, am Ende behauenen Birkenstämmen, die mit Bastseilen zusammengehalten wurden.
Bereits zur Römerzeit wird im Südwesten, dem Dekumatland, Flößerei betrieben, um die Besatzungstruppen vor allem mit Bau- und Brennholz sowie Bausteinen zu versorgen." (1)

Es ist also greifbar, dass an der oberen Donau, aber auch auf den zuführenden „...achen"; ich denke besonders an die Zwiefalter Ach, die Schwarzach und die Kanzach, aber auch an den Biberbach bei Altheim und die Lauchert bei Sigmaringendorf; geflößt wurde.

Zumindest von Andelfingen; -dort gibt es einen „Holzbach"-; dürfte über „die Biber" bis Riedlingen geflößt worden sein, - wenn auch vielleicht nur in loser Form, also nur Einzelstämme und Stückholz. Diese wurden an der Holzbrücke, die wahrscheinlich anfänglich gar keine Brücke oberhalb der Wasserfläche, sondern nur ein Holzsteg auf der Wasserfläche war, abgefangen und über den kleinen Kanal geleitet, um von dort, dem „Holzplatz", auf die Insel gezogen zu werden. Dort auf der Insel stand die Sägmühle (heute befindet sich an dieser Stelle das Gebäude der Volks-Raiffeisenbank Riedlingen). Die „Rehlinsche Karte" macht diese Überlegung wahrscheinlich.

Gefährliche Fahrt auf der Wildschapbach bei Bad Rippoldsau. Langholzfloß aus mehr als fünf Gestören bestehend. Das vorderste Gestör, der „Vorspitz", ist kürzer und beweglich, weil damit das Floß gesteuert wird. (1)

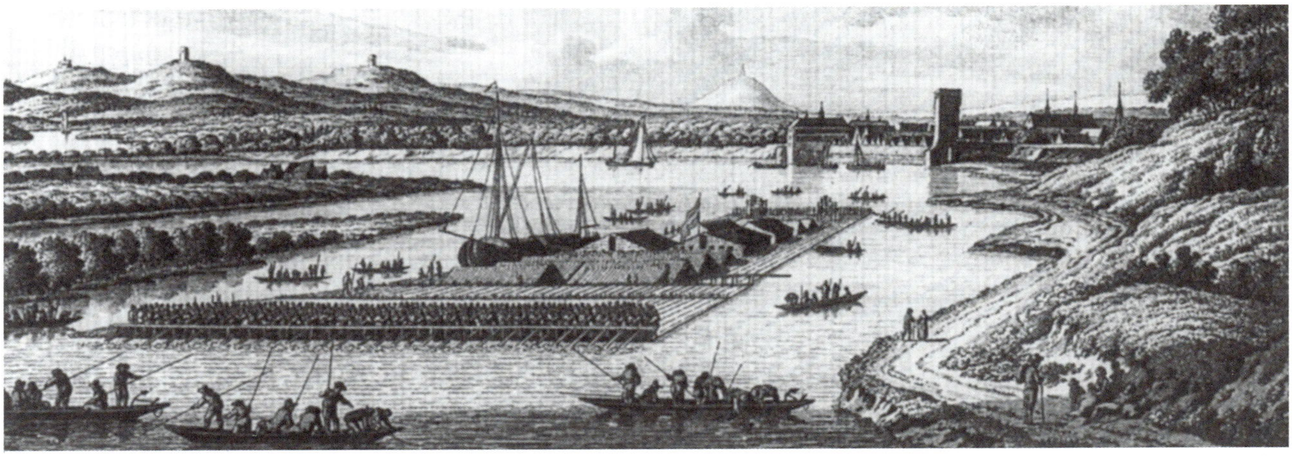

Kapitalfloß „Holländer" auf dem Rhein (1)

Die Trift

Ich zitiere dazu wieder aus der wertvollen Arbeit von Max Scheifele:

„Die Trift oder Wildflößerei ist die älteste und auch einfachste Form des Holzflößens. Dabei wirft man kürzere Stämme, Stammstücke und Scheiterholz (Brennholz) einzeln und unverbunden in das Wasser. Sie werden dann entweder durch das Hochwasser bei Schneeschmelze und Regengüssen oder durch eine mit Hilfe von Stauanlagen künstlich erzeugte Flutwelle flussabwärts getrieben. Mit der Trift schafft man im Nahverkehr Bloche und Klötze für die Sägmühlen, das Brennholz der Städte und Garnisonen und das Kohlholz der Eisenwerke, Glashütten und Salinen herbei." (1)

Ausziehen und Aufsetzen von auf dem Kocher beigetriftetem Haalholz (Brennholz zum Sieden des Salzes) für die Saline Schwäbisch Hall (1)

Ein ganz wichtiger Hinweis auf das Triften hier bei uns sind der Holzbach, der Soppenbach und die Biber bei Andelfingen sowie der „Ehebach" bei Zwiefaltendorf.
Der Biberbach entspringt bei der „Oberen Mühle" im „Schattenweiler" in Langenenslingen. Ein sehenswerter Quelltopf schüttet 300 Liter Wasser pro Sekunde aus.

Biberquelle im „Schattenweiler" in Langenenslingen (S)

Der Biberbach wird auch nur „die Biber" genannt. Überlieferungen zufolge stammt der Name vom lateinischen „bibere" = trinken ab. Das verwundert nicht, da das glasklare Quellwaser sicher Trinkwasserqualität hat. Zudem befand sich ein römischer Gutshof in nächster Nähe der Biberquelle. In der Kreuzung, dem sogenannten „Kreuztal" münden in die Biber von Süden der

„Biberkreuzung" in Andelfingen (S)

Soppenbach und der Holzbach. Der Soppenbach ist der direkte Wasserweg zur Außensiedlung der keltischen Heuneburg. Das interessanteste sind Rückhaltedämme noch vor dem Ort Heiligkreuztal. Dort können also durchaus nicht nur Fische gehalten worden sein sondern auch Holz im Wasser gelagert werden. Die Flüsse wurden „gespannt", das heißt, ihr Ablauf wurde gestaut, damit Holz darin gelagert werden konnte. Beim Heben der Stauvorrichtung floss das Holz mit den Wassermassen talwärts hinab. Der Soppenbach scheint heute zu schmal zu sein. Man muss aber davon ausgehen, dass in keltischer Zeit die Bäche und Flüsse circa 20% mehr Wasser führten als heute. (1) In diesen Soppenbach mündet in Andelfingen der „Holzbach". Auch dieser Bach war staubar und „spannbar". Beide münden in den Biberbach. Von Nord-Westen kommt der

Stauanlage mit Schwallstube in Andelfingen, im Hintergrund ein E-Werk (S)

Altbach von Pflummern oben herab dazu. Das ist das „Kreuztal". Die „Bach-Kreuzung" und damit das „Tal-Kreuz". Dies liegt also nicht im Ort Heiligkreuztal. Dort ist das Kloster. Sondern es liegt 700 Meter weiter nördlich am Ortsausgang von Andelfingen Richtung Altheim.

In Andelfingen gibt es heute noch eine Kunstmühle, eine Sägmühle und ein weltweit agierender, renommierter Holzverarbeitungsbetrieb, der ebenfalls eine Sägmühle hatte. Die Holzverarbeitung und Sägerei ist also am Ort geblieben. Von dort war es bequem möglich das Holz nach Altheim und weiter zur Donau zu triften. In Altheim befinden sich drei Mühlen und wiederum ein großer holzverarbeitender Betrieb. Der Biberbach mündet in die Donau und trifft als nächstes auf Riedlingen. Das durch seine vielen Fachwerkhäuser aus dem 16. Jahrhundert auffällt. Auf der Rehlinschen Karte von 1598 ist die Holzinsel, auf der große Mengen Stapelholz lagern, gut zu erkennen. Die Endabnahme und Endfertigung des geflößten Langholzes und des getrifteten Stückholzes hat also zum größten Teil wohl hier in Riedlingen stattgefunden.

Das 2. ist die Zwiefalter Aach. Dort konnte das Holz direkt von den Hängen in die Aach „geschlittet" werden. Ferner befindet sich in Zwiefaltendorf, vor der Einmündung der Aach in die Donau ebenfalls eine imposante Sägmühle. Also auch hier Hinweise und noch heute Betrieb einer Holzverarbeitung. Auch ist ein kleines Stauwehr am Abgang des sogenannten „Ehebaches" vorhanden. Nun bedeutet „Ehebach" für mich in diesem Zusammenhang nichts anderes als die Verbindung, die Ehe, zwischen der Zwiefalter Aach und der Donau. Der Ehebach war also spannbar und triftbar, unter Umgehung des Sägewerks und des circa 10 Meter hohen Wasserfalles an der Mündung der Zwiefalter Ach. Heute, im fast alles beherrschenden Straßenverkehr, würde man von einer Umgehungsstraße oder noch besser von einem Autobahnzubringer reden.

Trift von Sägeklötzen Brennholz auf dem Schwarzenbach (Murgtal)) (1)

Retentionsgebiete eines Flusses

Um einmal den Zusammenfluss mehrerer Flüsse und die notwendigen Retentionsgebiete zu veranschaulichen, möchte ich ihn mit den Glomerula der Nieren vergleichen. Das Blut fließt über Kanälchen an, tritt bei genügender Flüssigkeit leicht über die Ufer, gibt Sedimente ab und fließt wieder weiter. So verhalten sich die Flüsse in Retentionsgebieten. Wenn nun die Nierenkanälchen zu hohe Wände haben entsteht eine Nierenausscheidungsschwäche und hoher Blutdruck. So ist es auch, wenn der Mensch den Flüssen zu viel an Retentionsgebieten abtrotzt. Es entstehen Probleme und Stress bei Hochwasser, wie in der Medizin.

1803 „Triangel": Kastanienallee - Alte Unlinger Straße - Dauphinstraße (spätere B311) (A)

1845 Alte Unlinger Straße mit 4 Brücken (A)

1846 Bau der Staatsstraße (spätere Hindenburgstraße) ohne Brücken. Reutebewirtschaftung am Vogelberg und im Mancherloch A)

Das Lagern von Holz in Weihern

Das „Ernten" von Holz erfolgte früher meist mit den Mondphasen und im Winter. Der günstigste Zeitpunkt war und ist es auch heute, die Zeit um und kurz nach der Wintersonnenwende. Speziell am 21. Dezember geerntetes Holz ist in der größten Ruhephase des Saftflusses, der in der Schicht zwischen Rinde und Holz, dem so genannten Kambium fließt. Heute ist in ein paar Minuten der größten Bäume gefällt. Das uralte Wissen über den richtigen Zeitpunkt der Holzernte, von Schwend- und Rodungstagen, warum ein Holzkamin 400 Jahre dem Feuer Stand hält, über den Wasserlauf im Zeichen des Mondes oder warum die Holzpfähle der Lagunenstadt Venedig nicht faulen, ist völlig verloren gegangen. Heute zählen die Minuten für das Bäumefällen und die Arbeitsstunden des Vollernters in den Rückegassen. (17)

Der richtige Zeitpunkt zum Flößen und Triften war ein kräftiger Regenschauer zusammen mit dem Schmelzwasser im Frühjahr. Bis zu dieser Zeit wurde das Holz in den gespannten Weihern gelagert.

Die Dämme dazu waren oft nur aus einfachen, quer gestellten Stämmchen errichtet, dem besten Dammbaumeister der Natur, dem Biber, abgeschaut.

Der beste Dammbaumeister ist der Biber

Biberdamm im Zollhauserbach, Riedlingen 2007 (S)

Im Wasser liegendes Holz schwindet nicht, vermodert nicht und verliert nicht an Wert bis zur Endverarbeitung. Auch das ist eine uralte Kenntnis aus der Beobachtung und Nachahmung der Natur aufs Genaueste.
Diesen Umstand machen sich die heutigen Forstleute in abgewandelter Form ebenfalls zu Nutze, wenn sie in größeren Mengen anfallendes Holz bis zum Endverbrauch mit Wasser besprengen. Diese Zwischenlagerung dauert auch heute noch oft Jahre. Ich darf an das Sturmholzaufkommen nach dem Sturm „Wiebke“ und nach dem Sturm „Lothar“ erinnern. Heute wird das Holz neben der Zwiefalter Ach und neben dem Heiligkreuztaler Weiher gelagert.
In früheren Zeiten lagerten die Hölzer in diesen Gewässern!
Besonders prädestiniert für Holzlager im Wasser waren der Heiligkreuztaler Weiher im Wald, der Soppenbach, der Mühlenweiher in Heiligkreuztal, die Biber in Langenenslingen, die Gossenzuger Ach, der Dobelbach und die Braunsel hier in unserer Region.
In Riedlingen selbst eigneten sich der Mühlteich in Grüningen mit dem Forchbach, der Weiher am Zollhauserbach (s. Rehlinsche Karte), der Röthenbach bei Erisdorf und Neufra und die Schwarzach (mit ihren 7 Mühlen im Ort Schwarzach) sowie der Altbach von Pflummern.
Mit der Flutwelle musste ja immer nur das erste Stück überwunden werden. Dann wurden die Gewässer immer breiter und das Triften ging ohne Schwierigkeiten.
Selbst in Friedingen gab es eine Mühle.

Pflummern, Upflamör, Friedingen, Mörsingen, Wiedbruck, Friedinger Tal, Dobeltal, Zwiefalten

Einen ganz besonders bemerkenswerten Status, vom Aspekt des Wassers aus betrachtet, nehmen die oben aufgeführten Orte ein. Einen Zusammenhang mit der ältesten Heuneburg bei Upflamör zu sehen und das Verstehen dieser Namen brauchte die größte geistige Anstrengung.

Dies könnte die Lösung sein: Die älteste Bezeichnung für Pflummern ist die römische: „Plumare". Ich behaupte, dass dieses Wort aus „plumbum mare" zusammengesetzt wurde und also „eingeschlossenes, (verplombtes) Meer" bedeutet. Zwischen Friedingen und Pflummern liegt der Linsenberg (Linsenanbau). Unter diesem Berg liegt ein riesiges Karstwasservorkommen, das zu mehreren Quellenaustritten in unterschiedlicher Niveauhöhe (typisch für Karstquellen) sowohl auf der Pflummerner, als auch auf der Friedinger Seite führt. In Friedingen spricht man vom „Wasser führenden Berg". (7)

Upflamör liegt über Pflummern. Der eigenwillige Name wird immer so gedeutet: „up Pflumare", also „über Pflummern". Tatsächlich wird jedoch in der Umgangssprache der Bewohner von Pflummern, Dürrenwaldstetten, Friedingen und Upflamör selbst der Ort als „upflemöin" oder „uplemoin" ausgesprochen. Auf der alten Feuerwehrfahne von Upflamör steht „Upflemeer". Man beachte die Silben und Worte, die an die Sprache der Sueben von der Ostsee erinnern. Für mich gibt die folgende Interpretation einen Sinn: „Mogontium" war der keltische Gott des Wassers und der Quellen. Von diesem Namen, den sogar die Römer beibehalten haben, stammt das Wort „Mogontiacum" für die Stadt Mainz ab. Auch der Fluß „Main" und das Englische Wort „main", zum Beispiel „main-street" = „Hauptstraße" dürfte sich davon ableiten. „Upflamör" war also eine Stelle, (ein keltisches Heiligtum?), „über dem Wasser-Heiligtum des Gottes Mogontium". Für Upflamör ist außergewöhnlich, dass in der Ortschaft Quellen sind. Das ist ganz ungewöhnlich für einen Ort auf der Albhochfläche. Heute bezieht Upflamör sein Trinkwasser aus einem 12 Meter tiefen Karstbrunnen im

Friedinger Tal. Zu diesem Brunnen kommen wir gleich noch einmal. Denn noch fehlt die Sinnhaftigkeit für das Wort „Wiedbruck", eine große Anhöhe zwischen Friedingen, Dürrenwaldstetten und der ältesten Heuneburg. „Wiedbruck" kann aber wohl nichts anderes heißen als „eine Brücke aus Weiden geflochten". Wie kommt eine archaische Weidenbrücke hierher in die Landschaft? Was macht eine Brücke aus Weidenruten hier oben für einen Sinn? Die einzige Erklärung für mich ist, dass es hier oben auf der Schwäbischen Alb früher einen See, oder einen Weiher gegeben haben muss! Ob dieser See nun künstlich durch Aufstauung des Baches im Friedinger Tal entstanden war, oder ob es sich um einen natürlichen See gehandelt hat, kann ich im Moment nicht beantworten. Wahrscheinlich ist jedoch, wie es auf der Alb immer schon war, dass durch Versickern des Wassers ganze Täler trocken gefallen sind. Auffallend sind Hangwege und Quellen. Das Friedinger Tal setzt sich im Dobeltal fort bis nach Zwiefalten. Am Übergang zwischen Friedinger-Tal und Dobeltal besteht heute noch ein kleiner Stauweiher. Das Wort „Dobel" entstammt der slowenischen Sprache und bedeutet „eingeschnittenes, tiefes Tal". Diese Bezeichnung trifft hier zu. Bevor die Engstelle durch Sprengungen um 1940 verändert wurde, überspannte ein Jägersteig das Dobeltal in Höhe der Hauptquelle des Dobelbaches, dem Kesselbrunnen. Auf der gegenüberliegenden Straßenseite sprudelt unterhalb des Felsens bei der großen Höhlenöffnung an regenreichen Frühlingswochen, nach der Schneeschmelze, ein „Hungerbrunnen". (8)

Hungerbrunnen

Am Südrand der Schwäbischen Alb gibt es „Hungerbrunnen". Nach der Schneeschmelze im Frühjahr und nach regenreichen Perioden können diese „überlaufenden" Karstquellen durch Wasseraustritt in Erscheinung treten. Da durch diese Nässeperioden oft eine wenig ertragreiche Ernte die Folge war und dadurch Nahrungsknappheit und Hungersnot entstanden sind, wurden diese Quellen „Hungerbrunnen" genannt. (7)

Friedingen, Mörsingen und auch Hochberg sind bekannt durch ihre zahlreichen, ergiebigen Wasserquellen.
Zwiefalten ist der letzte Begriff in dieser Kette. „Zwi fult aha" war die alte Bezeichnung dieses Ortes. „Zwi" heißt „zwei", „fult" bedeutet „Falte". „Das althochdeutsch Wort „fult" oder heute „Falte" bedeutet hier in diesem Zusammenhang nichts anderes, wie „Tobel" oder „Dobel", also „das tiefe, eingeschnittene Tal" und „aha" kennen wir schon, das bedeutet „Wasser". Die Benediktiner Mönche nannten ihr Münster in Zwiefalten bereits 986 nach Christus bei der Gründung: „monasterium ad duplices aquas", also „das Münster an den zwei Flüssen (Wassern). Die Flüsse sind die Gossenzugener Ach, die aus der Quelle der Wimsener Höhle und aus dem „Hasenbach", der im Glastal seinen Anfang nimmt gebildet wird und dem Dobelbach, der aus der zweiten „Talfalte" eben dem Dobeltal kommt. Für eine solche schöne Namensgebung ist der Dobelbach, wie er sich heute präsentiert, zu wenig ausgeprägt. Ich denke, dass der Dobelbach eben durch Versickerungen von Friedingen, das ganze Tal hinab bis Zwiefalten, so viel Wasser verloren hat, dass er heute unter Wert betrachtet wird.

Nur wenn man all diese Begriffe summiert und von einem höheren Wasserstand mit Seen im Friedinger Tal ausgeht, gelingt es, aus einem scheinbar nicht zusammenhängenden Puzzle ein schlüssiges Bild zu machen. Das Friedinger Tal und das sich anschließende Dobeltal sind also durch Versickerungen (im „seichten" Karst; s. u.) und durch Überlaufquellen charakterisiert.

Karsthydrologie

Bei Otto F. Geyer können wir über diese Zusammenhänge nachlesen. Ich zitiere hier nur zwei Stellen:
„Die Hochfläche der Schwäbischen Alb ist zu einem großen Teil verkarstet. An hydrologischen Karsterscheinungen sind sowohl die zahlreichen Versickerungsstellen als

auch die vielen Karstquellen zu nennen. Ihren morphologischen Ausdruck findet die Verkarstung durch die ungezählten Dolinen, eine größere Zahl von Karstsenken, etwa 50 größeren Höhlen und die bekannten Trockentäler.
Das Karstsystem der Schwäbischen Alb wird in die Bereiche des „Seichten" und des „Tiefen" Karstes geteilt. Im seichten Karst streicht die Sohlschicht, über der sich das Karstwasser staut, über Tage aus. Die dortigen Karstquellen funktionieren also in Form von Schichtquellen, häufig als Überlaufquellen. ... Im tiefen Karst, der in den südlicheren Bereichen der Alb beheimatet ist, streicht die Sohlschicht nicht über Tage aus. Die tiefste Austrittstelle für Karstwässer ist dort durch das Niveau der Taleinschnitte bedingt; die Quellen entspringen in diesen Fällen also nicht an der Basis des Karstwassersystems. ... (Friedinger Quellen, die Quellen von Pflummern und Mörsingen, die Biberquelle; - tiefste Austrittstelle im Tal - ; und die lange Watte in Langenenslingen)." (7)

In diesem Buch bei Otto F. Geyer finden wir auch den Begriff der „Verplombung". Darunter versteht man das Verschließen tiefer Karstwasservorkommen durch tektonische Verschiebungen. (Pflummern) (7)

..."die Achbahner"

Achbahnen heute (S)

Da die weniger tiefen Flüsse, also zum Beispiel die ...achen, kein so starkes Geschiebe haben, dass die Flüsschen sich immer wieder von selbst „reinigen" können, muss das Flussbett von Menschenhand auch heute noch schiffbar und flößbar gehalten werden. Dazu werden regelmäßig so genannte „Bachbutzada", also Bachreinigungen durchgeführt. Hinderliche Steine und angeschwemmtes Holz werden beseitigt und das „Bachkraut“, der flutende Hahnenfuß, wird gemäht. Da auf der Zwiefalter Ach hier eine besondere Notwendigkeit besteht, werden die Zwiefaltendorfer Menschen die „Bachbahner“ genannt.

Viehhandel

Weiden von Großvieh auf den Riedlinger Inseln, Holzhandel, Viehtransport auf den Zillen und die Überquerung der Donau auf Furten; das waren die 3 Gründe eines zentralen Viehhandels und Viehmarktes in Riedlingen. Für den An- und Weitertransport des Bau- und Brennholzes sind natürlich immer auch Ochsen- und Pferdegespanne im Einsatz gewesen. Nachdem hier in Riedlingen ein zentraler Umschlagplatz für Holz bestanden hatte, darf man auch einen hohen Bedarf an Zugtieren annehmen.

Aus den weiteren oben angeführten Dokumenten geht hervor, dass das Verladen von Pferden besonders für militärische Zwecke ebenfalls eine große Bedeutung gehabt haben muß. Wahrscheinlich geht dieser Umstand bereits in die Zeit der Römer hier an der Donau, also um 70 nach Christus zurück. Denn im Gewann „Niederwiesen“ beim Flugplatz und im Gewann „Unterwasser“ ist eine historische Furt anzunehmen. Auch auf die „Volksbankinsel“ führte von unten herauf sicherlich eine Furt. Zur Überquerung des Wassers waren und sind auch heute noch, nicht alle Pferde, Ochsen oder Kühe geeignet. Es bedarf so genannter Leittiere, die nicht wasserscheu waren. Dermaßen ertüchtigte Pferde erzielen durch ihre Vorzüge natürlich einen höheren Stellenwert beim Handel.

Der 4. Grund sind die Weideflächen, die durch die Gewässer begrenzt waren. Auf großen Weideflächen konnten sich, wegen des großen Futterangebotes, große Tierbestände entwickeln. Weidezäune waren nur in geringem Umfang nötig.

Es ist also nicht weiter verwunderlich, dass Riedlingen ein Zentrum für Viehmärkte und Viehtransport geworden ist.

Die Treidelpfade

Die Treidelpfade sind längs des Ufers von Flüssen und Schifffahrtskanälen angelegte Wege, von denen aus die Schiffe an Seilen wieder flussaufwärts gezogen werden konnten. In früherer Zeit waren die Treidelpfade von herausragender Bedeutung. Nach der Einführung maschineller Schiffsantriebe verloren die Treidelpfade ihre Bedeutung.

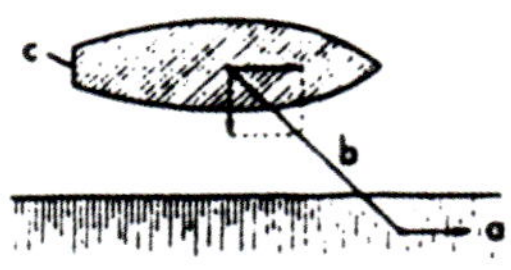

Treideln:
a Schleppkraft,
b Schleppleine,
c Ruderblatt

Sowohl Menschen, als auch Tiere, hierzulande in erster Linie Pferde wurden zum so genannten „Schiffs-Zug" benutzt. In anderen Ländern kamen aber auch Esel und Ochsen zum Einsatz.
Die Treidelpfade wurden mancherorts auch Leinpfade (oder Reeperbahn) genannt. Diese Benennung rührt daher, weil die Treidelseile aus den Fasern des echten Leins, - die botanische Bezeichnung ist linum usitatissimum-, hergestellt wurden. Dafür wurde eine spezielle Form des Leins, der Faserlein angepflanzt. Hauptanbaugebiete in Deutschland waren bis zum Dreißigjährigen Krieg unter anderem die Gebiete um die Städte Biberach an der Riß, Ulm, Augsburg, Kempten und Konstanz. Der Lein wird auch Flachs genannt. Der Lein oder Flachs ist eine der ältesten Faser- und Nahrungspflanzen, dessen Verwendung durch Menschen seit der Jungsteinzeit bezeugt ist.

Der Treidelpfad in Riedlingen

In Riedlingen verlief der Treidelpfad folgendermaßen: Am Streichwehr wurde entlang der Insel auf der Seite der Volksbank (dort stand früher die ehemalige Sägmühle) getreidelt. Dann konnte das Hindernis Streichwehr durch eine eigens gebaute Rutsche unter der Brücke hindurch (an der heutigen Fischtreppe) überwunden werden. Oberhalb der Brücke verlief der Treidelpfad zunächst weiter auf der rechten Seite der Donau etwa 50 Meter Fluss aufwärts. Dort ist

Treidelpfad in Riedlingen unter der Donaubrücke hindurch (S)

eine Anlegestelle mit Haken vorhanden gewesen, die nur durch ein Tor zwischen den Häusern erreicht werden konnte. In die Ufermauer sind Ringe eingelassen, an denen die Zillen angebunden wurden. Der Zugang war also der Allgemeinheit verwehrt. Von dieser Anlegestelle und Wasserung der Zillen musste, um weiter flussaufwärts zu kommen, zunächst über die Donau übergesetzt werden. Auf der Seite vom Cafe Hammer ging der Treidelpfad auf dem Damm weiter. Man erkennt den Treidelpfad von der Donaubrücke aus gut. Die schmalen Treidelpfade sind offiziell so genannte „öffentliche Wege“ und können von jedem, auf eigene Gefahr versteht sich, begangen werden. (S. 103) Getreidelt wurde dann früher weiter bis zur Holzbrücke. Dann unter der Holzbrücke hindurch und auf dem schmalen Radweg an der alten Stadtmauer vorbei Richtung Altheim . An dem früheren „Vollmarschen Haus“ (Scharfrichter), dem heutigen Haus „Geiger“, mit dem Christophorus an der südlichen Giebelseite sind die Hochwassermarken angebracht. Unter anderem auch vom Jahrhundert-Hochwasser von 1990. Ein Kilometerstein zeigt an, wie lang der Weg der Donau

Treidelpfad entlang des Hochwasserkanals (LG)

ehem. Treidelpfad a. d. Donau bei Rechtenstein (S)

ehem. Treidelpfad im „Eichenwäldele" b. Riedlingen(S)

noch bis zur Mündung ins Schwarze Meer ist. Die Kilometersteine werden nämlich von der Mündung aus rückwärts gezählt. An diesem Haus der Familie Geiger biegt die Stadtmauer, die in die Hauswand integriert ist, rechtwinklig nach Norden um. Der Treidelpfad geht an der Donau weiter über den Färberbach mit einer eigens kleinen Treidelbrücke und dann am Damm aufwärts, am Flugplatz vorbei, Richtung Altheim.

Treidelstrecke:
Von den Flusswarten aus Riedlingen, die beim „Landesbetrieb für Gewässer" des Regierungspräsidiums Tübingen angestellt sind, wurden die Treidelpfade von Ulm bis Beuron versorgt. Die Treidelpfade sind allerdings heute nicht mehr in Betrieb. Donau aufwärts also bis Beuron, Donau abwärts war die Donau in der gesamten Länge bis zur Mündung in Tulcae treidelfähig.

Kleiner Soldat (Erwin Frei) auf der Treidelbahn (=Dammberme) in Höhe der Holzbrücke (A)

Im weiteren zeitlichen Verlauf wurden die Uferzonen immer mehr dem Fluss genommen und bebaut. Zum Schutz der Häuser war nun der Bau von Hochwasserdämmen erforderlich. Die Dammberme diente dabei als Treidelpfad.

Die Berme

Die Damm-Berme ist die flachwinklige Konsole, quasi der Wellenbrecher, eines Dammes. Auch die betonierte Dammkrone diente da und dort als Treidelpfad, je nach Beschaffenheit des Terrains und des Dammes.
Die Lastenzillen wurden am Seil, von bis zu vier Männern, je nach Ladung, gezogen. Am Bug der Zille sind Aussparungen in den Brettern gebohrt, in die der Treidelstock, ein runder Stab eingelassen war. (siehe S. 103, 158) An diesem wiederum war das Zugseil befestigt. Je höher der Treidelstock war, desto leichter ließen sich Gebüsch und Uferunebenheiten überwinden. Die Treidelstöcke konnten 4 Meter Höhe erreichen.

Die Aufgaben der Flusswarte

Die Aufgaben des Flusswartes war es, die Treidelpfade begehbar zu halten. Also mussten Gebüsch und umgefallene Bäume entfernt werden. Die Uferböschungen wurden im Sommer gemäht. Ferner mussten die Gewässerwarte unterspülte oder abgerutschte Uferpartien wieder neu befestigen. Dies war harte Knochenarbeit an den oft steilen Uferböschungen. Bei jeder Wetterlage, ob Hitze oder Eis; - die Männer mussten ihre Aufgabe erfüllen. An seiner eigenen Uniform konnte man den Flusswart erkennen, der auch früher schon im Dienste des Staates stand. Die Arbeit am Fluss ist durch die Unwegsamkeit des Gelän-

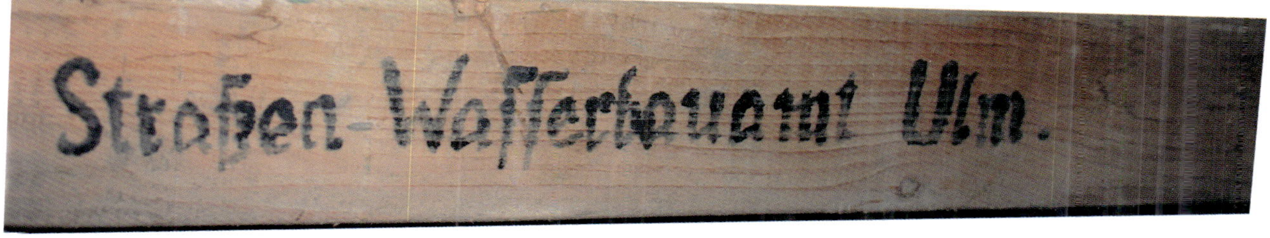

Schild des ehemaligen Straßen-Wasserbauamts Ulm (5)

des an den Uferböschungen und durch die Feuchtigkeit und Nässe geprägt. Die Männer, angepasst an die harten Arbeitsbedingungen, waren selbst hart, zäh und ausdauernd. In der Ulmer Gegend wurden sie „die Räsen" genannt, was soviel wie „die Herben, die Sauren" bedeutet. Die „Räsen" sind ein eigener, rauer Menschenschlag, vergleichbar mit den Wanderschäfern der Schwäbischen Alb, mit Menschen, die viel mit Pferden zu tun haben oder mit den Bergführern des Allgäus.
Die Stadtmenschen sind feiner durch den Aufenthalt in den Häusern und durch das Fehlen der Nässe und Kälte-einwirkungen.

Flusswarte am Wehr beim Kampf gegen Eisstoß am Haus Lichtenstein, 1923 (LG)

Eine Aufgabe der Flusswarte bestand auch darin, Kinder auf die Gefahren der Donau und das Abrutschen von den Dämmen aufmerksam zu machen. Mitunter mussten die Kinder von der Donau „verjagt" werden.

Ein Kuriosum sei am Rande erwähnt: In der Regel gehörten 4 Männer einer „Zillenbesatzung" an. Als „Zillenführer" wurde ein Nichtschwimmer ausgewählt, weil dieser, im Falle eines Kenterns der Zille, sich viel stärker an die Zille klammern und um den Erhalt der Zille und seines Lebens kämpfen würde als Schwimmer. (Mündliche Überlieferung von Herrn Johannes Warmke)

Die vorletzten Gewässerwarte von Riedlingen wohnten in Altheim. Ihr Hausname lautete dort: „s`Fluss-Wadta".

Die Bedeutung der Wasserstraßen kann ich mit einem Foto von einem Schild aus dem Jahre 1940 untermauern, das noch im Betriebshof des Landesbetriebs Gewässer aufbewahrt ist. (S. 153) Es zeugt von einer Zeit, als die „neue Aufgabe", die Wartung der Straßen, den längst bestehenden Flussämtern zugeordnet worden war. Mittlerweile sind die Strassenämter selbständige Einrichtungen und dominieren bekanntermaßen im Vergleich zu den Wasserämtern.

Weitere Begriffe aus dem Flussbau:

Faschinen:

Faschinen; das Lateinische Wort zu diesem Begriff heißt „fasces". Die „fasces" waren Rutenbündel, die die Richter der Stadt Rom als Würdezeichen bei sich trugen. Da die Richter vor den Rechtsprechungen Fasten mussten, um einen klaren Kopf zu bekommen und klare Urteile fällen zu können, wurde auch das Wort „Fasten" von „fasces", den Rutenbündel, abgeleitet. Die „Nicht-Fasten-Tage" waren die „ne fasces dies". Aus diesem Wort ist unser Deutsches Wort „Fas ne t" entstanden! (5)

Karl Emhart mit einem „Rutenbündel" (S.

Was sind aber nun die „Faschinen' im Flussbau: das sind (Weiden-) Ruten-Bündel, die um eingeschlagene (Weiden-) Holzpfähle gewunden wurden. Sie dienten und dienen heute noch zur Uferverbauung, als Befestigung unterspülter Ufer. Die Weiden wuchsen oft an und wurden stattliche Bäume und damit starke Hindernisse für die aushöhlende Kraft des Wassers. Die Faschinen wurden mit Steinen und Erde hinterfüllt. Sie sind ein ideales natürliches Baumaterial für den Dammbau.

Die nächsten drei Begriffe sind ebenfalls aus einem Naturprodukt hervorgegangen, und zwar alle drei aus ein und demselben. Hierbei handelt es sich um ein abgeschnittenes Stück eines (Tannen-) baum-Stammes, an dem noch vier starke Äste verblieben sind.

Wasserrad

Archaische Wasserräder waren zunächst nichts anderes, als Stücke eines Baumstammes mit einem oder mehreren belassenen Astkränzen. Diese konnten sowohl vertikal oder horizontal in das fließende Wasser gehängt werden. So entstanden die Wasserantriebsräder, aus denen die Mühlräder hervorgingen. Die horizontale Antriebsform naturbelassener ästiger Stämme findet man heute noch in den Anden als Getreidemühlen vor.

„Bähren“

Nimmt man den Stamm mit den 4 Ästen als Tragevorrichtung, so kann man darauf Steine zum Beispiel mit dem 4-fachen Gewicht transportieren, weil an den Ästen 4 Männer anfassen können. Aus dieser Form hat sich die so genannte „Bahre“ entwickelt. Als Kranken- oder Leichen- Bahre ist der Begriff bekannt.

Das Wort stammt von dem althochdeutschen Wort „bearan“ ab, das so viel wie „heranbringen“, „hervorbringen“ und auch „gebären“ bedeutet. Von diesem Wort ist ebenso auch das Altdeutsche Wort „Adebar“ für den Weißstorch (ciconia ciconia) abgeleitet. Denn die Natur bringt zeitgleich das Grün, den Frühling, auf die Erde, wenn der Weißstorch von seinem Winterquartier aus Afrika

Ende Februar wieder zurückkehrt, um hier zu brüten. Und er bringt im Volksmund ja auch die Kinder heran.

Die Lastentrage, „die Bähre", hat sich im Flussbau gehalten, weil an den steilen Dämmen und Böschungen Steine, Kies und Sand besser auf einer „Bähre", als mit Schubkarren ans Ziel gebracht werden können. In der holländischen Käsewerbung ist die Bahre auch gut bekannt.

Bähre (S)

„Die Katze"

Das Dritte Werkzeug aus dem Stammabschnitt mit den 4 Ästen ist die „Katze". Dreht man den Stamm um und verwendet ihn als Rammwerkzeug für einzuschlagende Stämme, so erhält man eine „Katze". Das vergleichende Wort wurde so gewählt, weil beim Einrammen der Pfähle das Auf und Ab des Rammwerkzeuges einer Katze gleicht, die einen Baumstamm hinauf und herunter klettert. Die Weiterentwicklung dieses Werkzeuges ist heute ebenfalls bei den Flussbauarbeitern ständig im Einsatz.

Die „Katze" auch „Zaunhexe" genannt (S)

Das Treideln

Der Treidelstock ist ein am Bug der Zille in zwei Aussparungen eingebrachter Stab von 2,50 – 4,00 Meter Länge. An diesem Treidelstock wurde das Tau angebunden und die Zillen konnte so vom Ufer aus gezogen werden. Beim Treideln mussten Büsche und Böschungen überwunden werden. Im Bereich der Schwäbischen Alb konnten die Treidelstöcke nicht hoch genug sein.
Zum Treideln gab es ein spezielles Treidelgeschirr, das dem Ziehenden um den Oberkörper gegürtet wurde. Der Treidler konnte sich so besser „ins Zeug legen". Zum Treideln wurden in früheren Zeiten auch Sträflinge verurteilt. (S. 160)

Pferde und Treppelpfade

Von Ulm ab Fluss abwärts übernahmen den Schiffzug nun häufig Pferde. In der österreichischen Stadt Pöchlarn, der Partnerstadt Riedlingens nennt man die Pfade deshalb „Treppelpfade".

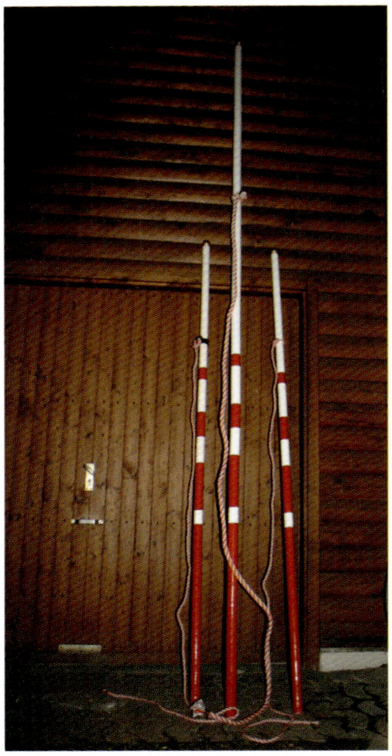

Treidelstöcke (S)

Anwendung eines Treidelstocks (SZ)

Der historische Schiffzug

Die ursprüngliche Bedeutung des Wortes „Zug" ist hier am Wasser. Die Eisenbahn und die Lastkraftwagen wurden erst viel später entwickelt. „Züge" waren also früher immer Schiffszüge.

Dass diese, meine Ausführungen zum Treideln der Zillen nicht aus der Luft gegriffen sind, beweisen die Ausführungen von Liese Hailbronner in dem Buch über ihren Mann Eugen Hailbronner, dem Erbauer der „Riedlinger Zille". Das Buch ist betitelt: „Ein Leben mit der Donau – Eine Ulmer Schiffer- und Fischerfamilie" 1988, darin stellt auch Liese Hailbronner dieselbe Frage, wie ich. Ich zitiere:

„Aber die Donau herauf?
Jawohl mit Schiffzügen, die am Ufer des Flusses auf Treppelwegen von Pferden gezogen wurden. ... Damals kannte man ja noch keine Schiffsmotoren, sondern man war auf Pferdestärken angewiesen. Es war eine mühsame, aber anscheinend doch lohnende Art, Transportgut flussaufwärts zu bringen. Diese Schiffzüge wurden nicht von Ulmer Schiffleuten betrieben, sondern waren den Bayern vorbehalten, bekannt als „Bayernschiffe", luden sie hier ihre Güter aus und suchten wieder mit Fracht für donauabwärts zu beladen. Sie waren somit eine beachtliche Konkurrenz für die Ulmer Schiffleute.

Schiffzug auf dem Wiener Donaukanal, 1820 (15)

Schiffzug bei Neuburg a.d. Donau (15)

„Diese Bayernschiffe, die bis in die 1850er Jahre nach Ulm kamen, brachten eine Vielfalt von Gütern in die Stadt, so etwa aus Ungarn Getreide, Schlachtvieh, Häute, Schmalz und Senf, auch innabwärts befördertes Salz. Am Schwal (Anlegestelle und Markt in Ulm. Anm. Verf.) *wurde für ausgeladene Salzfässer ein Salzzoll erhoben. Für den Ulmer Weinmarkt kamen ungarische und österreichische Weine als Bereicherung dazu".* (1621 Ulm, Ratsprotokoll Bd. 71, Seite 202) *sowie aus dem Passauer Raum das Kaolin für die Porzellanmanufaktur in Ludwigsburg.* (Fernsehsendung SWF Sommer 1986)

Wie unlängst in dem hochinteressanten und liebevoll aufgebauten Schifffahrtmuseum im österreichischen Spitz in der Wachau gesehen, war so ein Schiffzug bespannt mit 25 Pferden. Wie uns dort versichert wurde, konnten es sogar 60 Pferde sein. Dem ersten Pferd, auf dem ein Vorreiter saß, folgten paarweise die anderen mit den nötigen Begleitfuhrleuten, den Rossleuten, zum Antreiben der Pferde. (Anm. des Verfassers: Nachfragen bei der Riedlinger Pferdehandlung Maier, ehemals Froschlache, direkt an der Donau, ob je in Riedlingen Pferde für den Schiffzug bestellt oder angemietet wurden, wurde verneint. Also wurde offensichtlich mit Pferden hier in Riedlingen in den letzten Jahrzehnten zumindest nicht getreidelt.)

Das letzte dieser Gespanne war durch das Zugseil mit dem vordersten Schiff, das „Hohenau" genannt wurde, verbunden. (Bild S. 161)

„In dieser Seilstrecke, zwischen dem letzten Paar Zugpferde und dem Hohenauschiff, liefen drei gestaffelte „Furkelzillen". Sie waren von je einem Mann besetzt, der die seilführende und verstellbare Holzgabel beaufsichtigte. Deren Zweck bestand darin, ein Festhängen des Zugseiles an Felsen oder Strauchwerk im Wasser zu verhindern. Neben der Hohenau lief der kleine „Seilmutzen", eine Zille, welche die Aufgabe hatte, das Hauptseil beim An- und Abspannen der Pferde hin und her zu transportieren oder an abgescheuerten Stellen neue Seilstücke einzuknüpfen. Gleich hinter der Hohenau fuhr der „Nebenbei", eine Zille, in dem der Schiffschreiber saß, der den wirtschaftlichen Teil des Zuges verwaltete (Abwicklung von Verkäufen, Lieferungen Verpflegung der Schiffleute und Pferde, Erledigung behördlicher Belange).

angebundene Sträflinge beim Schiffzug (15)

Pferdezug vor Regensburg (25)

Der Schiffzug bestand aus mehreren hintereinander fahrenden und einander sch ep-penden Holzschiffen. Diese waren so geschickt mit den Zugseilen verbunden, dass sie mit dem vorderen Grans (Bug) immer etwas schräg zur Strömung standen und somit vom Ufer abgedrängt wurden. Richtig umständlich wurde es erst, wenn der Treppelweg der Pferde mit Felsen, die bis in den Fluß stießen, versperrt wurde. In solch einem Fall mussten die Pferdegespanne zum anderen Ufer übergesetzt werden." (S. 119)

Der Ort Rosssatz in der Wachau zeugt mit seinem Namen von solch früherem Geschehen in einer Zeit ohne Motor und Sprengung von Hindernissen im Fluß und an Land

„Waren beide Ufer unzugänglich, wie dies in der pfadlosen Durchbruchstrecke der Donau durch den Jura zwischen Weltenburg und Kehlheim der Fall war, dann musste der „Faden" der Schiffzüge in einer Zille vorausgeführt werden, die mittels eigens in der Felswand eingelassener Ringe und Haken gegen den Fluß gezogen und geschoben wurde, um dann wieder die Rosse anspannen zu können, die einstweilen über Berg und Tal auf langen Umwegen herangebracht worden waren." (E. Neweklowski, Band 3)

...

Ein Schiffzug von Regensburg nach Ulm brauchte ungefähr drei bis vier Wochen, von zehn bis zwölf Pferden gezogen.

...

Wie war es den Frauen der Schiffleute nach der Abfahrt einer vollbeladenen Wiener Zille zu Mute? Immer waren sie zum Abschied am Schwal zugegen. Sie wussten, was für ungemein große Anforderungen an Verantwortung, Können und Gesundheit ihre Männer zu bewältigen hatten. Voll Sorge dachten sie an die vielen Gefahren auf diesen Fahrten.

...

Die (Ergänzung des Verfassers: Die Ulmer-)*Schiffe wurden am letzten Anlegeort stets verkauft. Wie kamen sie* (die Männer. Anm. des Verf.) *zurück? Mit der Postkutsche? Ein Stück zu Fuß? Können sie mit oberwärts ziehenden Schiffzügen mit? Kommen sie auch gesund wieder heim?*

Wenn die Zillen in Ulm abgefahren waren, gen Osten um die Flussbiegung verschwunden, suchten sie (die Frauen der Schifffahrer. Anm. Verf.) *Trost und Fürbitte im Münster. Anschließend besuchten sie die Kinder im Waisenhaus. Jede Schifferfamilie hatte im Münster ihren Betstuhl. Ein hübsch bemaltes Schild tat kund, wer ihn benutzen durfte.*

(Bild S. 112)

Oft waren die Wandergesellen gerne bereit, zusammen mit den Schifferknechten an den Nauzügen (Seitenruder) mitzuhelfen, dafür durften sie recht billig mitfahren. Die mächtigen vorderen und hinteren Stuir (Steuerruder) blieben aber immer in geübter, sicherer Hand der Schiffmeister. (auf einer Ulmer Schachtel. Anm. Vrf.)

...

Ging alles gut, hatten sie wohlverdienten Lohn in der Tasche, so brachten sie ihren Frauen für Sorge, Bangen und Hoffen ein hübsches Schmuckstück aus Wien oder Pest (Insel vor den Toren der ungarischen Hauptstadt Stadt Budapest. Auf der trinkwasserführenden Insel wurden die Pestkranken isoliert. Anm. des Autors) *mit: eine Halskette aus feinen Donauperlen, einen ...* (9)

Ende des Zitates aus dem Buch von Frau Lise Hailbronner.

Das eindrucksvollste Bild eines „Salz-Zuges" auf der Donau unterhalb von Ulm durfte freundlicherweise dem Buch „Abriss der Geschichte der Donau-Schifffahrt" von Herrn Anton Zimmermann entnommen werden.

Salztreidelzug auf der Donau (25)

Daraus stammt auch das folgende Zitat unter der Überschrift:
„Von der Steinzeit bis Christi Geburt". Historiker nehmen an, dass Jäger vor mehr als 10 000 Jahren in Fellbooten oder Einbäumen auf der Donau unterwegs waren. In der Jungsteinzeit (4.55 bis 2.500 v. Chr.) dürften Einbäume zunehmend auch für Gütertransporte eingesetzt worden sein. (Anm. des Verfassers: es ist nahe liegend und bedarf nur der Entdeckung, dass vom Federsee in der Steinzeit die Siedler und Fischer; sie hielten ja dort regelrechte Fischgärten, hatten geniale, heute noch übliche Reusen aus Weiden geflochten und fuhren mit den Einbäumen, warum nicht die Kanzach hinab bis zum heutigen Daugendorf und die Donau hinauf bis Riedlingen zum Wasserfall?) *Seit dieser Zeit sind zum Beispiel die Solquellen von Bad Reichenhall bekannt. Damals begannen die Salztransporte auf der Donau, die im Mittelalter eine Hochblüte erlebten und noch bis ins 19. Jahrhundert fort bestanden.*
Von einem relativ dichten Schifffahrtsnetz an der oberen Donau kann man ab dem 7. Jahrhundert v. Chr. ausgehen. Güter wurden über mehrere hundert Kilometer durch ein System von Zwischenstationen auf unterschiedlich großen Booten bis zu abgelegenen Orten an den Donau-Nebenflüssen transportiert. Zu dieser Zeit benutzten die Kelten aus Brettern gezimmerte Flachboote, Vorläufer der bis heute für die Donau charakteristischen Bootstypen „Zille" und „Plätte". (25)
Die römische Zeit
Die Römer erreichten die Donau erstmals 15 vor Christus. Der stetige Ausbau der Donau zur nördlichen Grenze des Römischen Reiches machte den Transport von

gewaltigen Mengen Baumaterial erforderlich. Aber auch Nahrungsmittel und Truppen mussten in großem Umfang transportiert werden. Erstmals war die Donau in ihrer ganzen Länge einer einzigen politischen Macht zugeordnet, die sich für vier Jahrhunderte behaupten konnte. Nun konnte die Donau von ihren Quellflüssen im Westen bis zu ihrer Mündung ins Schwarze Meer im Osten als zusammenhängender Strom in das Bewusstsein der Menschen dringen.

Mittelalter ...

Erst die karolingische Zeit brachte mit ihren Kriegen zur Sicherung der Ostgrenze des Reiches wieder die Notwendigkeit von umfangreichen militärlogistischen Transporten auf der Wasserstraße.

Karl der Große war es auch, der als Erster den Traum von einer durchgehenden Rhein-Main-Donau-Wasserstraße zu realisieren versuchte (Fossa Carolina Anm. Verf. s. vorne)

Zollurkunden aus den Jahren 903 bis 905, die in Raffelstetten bei Linz gefunden wurden, belegen anschaulich, dass im Mittelalter große Warenmengen wie Salz, Pferde, Rinder, Lebensmittel, Wachs aber auch Sklaven den Ort auf dem Wasserweg passierten. Die an der Donau gelegenen Städte des Mittelalters trieben einen äußerst erfolgreichen Freihandel. ...

Beim Schiffbau dürften die Menschen des Mittelalters auf die altbewährten Formen von Ruderschiffen zurückgegriffen haben, deren Größe je nach Verwendungszweck variierte. Daneben war die Flößerei von großer Bedeutung. Sie diente vor allem dem Bauholz und Brennholztransport. Aber auch so genannte „Ordinari-Flöße" wurden für den Personentransport eingesetzt, so etwa Anfang des 19. Jahrhunderts einmal pro Woche von München nach Wien.

Nach der Jahrtausendwende

Um die Jahrtausendwende wurde die Donau zur Wasserstraße der Pilger und dann der Kreuzritter (Ritter von Rechtenstein Anm. Verf.), *die in riesigen Scharen ins „Heilige Land" zogen.*

Ab 1389, nach der Schlacht auf dem Amselfeld, erforderten die Türkenkriege (z.B. bei

Wien, Anm. Verf.) *für die folgenden 250 Jahre wieder in großem Umfang Transporte von militärischen Truppen und Güternachschub.*
Aus dem so erfolgreichen Fernhandel auf der Donau wurde allmählich Binnenhandel. Während die großen Handelsstraßen inzwischen über Nürnberg und Augsburg nach Süden bis Genua und Venedig führten, schwand die Bedeutung der Donaustadt Regensburg.
Ende der Ruderschifffahrt – Beginn der Dampfschifffahrt
Das Ende der Ruderschifffahrt wurde durch die Erfindung der Dampfmaschine eingeläutet, mit der nun erstmals der Schiffsantrieb auf dem Schiff selbst untergebracht werden konnte." (25)

Soweit das ausführliche Zitat aus „Abriss der Geschichte der Donau-Schifffahrt" von Anton Zimmermann.

Also was konnte alles auf der Donau transportiert werden?
Die wichtigsten Güter, die transportiert wurden, waren also Salz, Mühlsteine, gegerbtes Leder, Vieh und Wein in Fässern oder Korbflaschen, Erntegut, Torf und (gemahlenes) Getreide. Aber auch der Transport von Schnecken, die in Holzfässern eingeschlagen waren, aus dem Lautertal bis Wien ist beurkundet. Auch in Zwiefaltendorf gab es einen „Schneckengarten".
Das wichtigste Transportgut war das Salz. Über die „Salzach" (Hallfahrt) gelangte das „weiße Gold" auf den sog. „Innplätten" auf den Inn und dann bei Passau auf die Donau.

Mühlstein (S)

Heimattage des Landes Baden Württemberg 2008 in Ulm

Zoll-Zillenverein Ulm-Gögglingen-Donaustetten (JS)

Johannes und Irene Schöllkopf (JS)

Torftransport anno dazumal (JS)

Historischer Torfabbau im Gögglinger Ried (JS)
Johann Mathäus Faulhaber, 1657

Hochwasser in Riedlingen, 1980 (A)

(A)

Die Donau als Sterbeort

Oft genug finden Menschen in der Donau den Tod.
Trunkenheitstouren mit dem Fahrzeug oder zu Fuß enden in den Fluten. Seelisch kranke Menschen, die des Lebens überdrüssig sind stürzen sich voller Verzweiflung in die Donau.
Kleine Kinder, die der Aufmerksamkeit der Eltern oder ihrer Aufsichtsperson entwischen, rutschen in das Wasser und ertrinken, weil sie nicht schwimmen können. Hier ist das Leid am bittersten und die Eltern finden oft ihr Leben lang keinen Trost mehr.
Die Hochwasser haben hier in Riedlingen bisher gottlob keine Todesopfer in den gewaltigen Strömungen gefordert.

Ein Wunder war geschehen! Der Knabe Joseph Gramm fiel am 12. Mai 1737 in die Donau und wurde mit Hilfe der schmerzhaften Muttergottes vom Bussen vor dem Ertrinken gerettet. Dies ist der äussere Anlass zur Entstehung dieser wichtigen und sehr interessanten Stadtvedute.

Bussenvotivtafel um 1737 (S)

Gedenkstein an der Donau (S)

Gedenktafel bei der Holzbrücke (S)

Die Schwäbischen Alb – der besondere Status bei Riedlingen

Die Schwäbische Alb, in der Geologie schwäbischer Jura genannt, ist ein Mittelgebirge im Südwesten Deutschlands. Sie erstreckt sich 220 km lang vom Hochrhein nach Nordosten bis zum Nördlinger Ries und sie ist bis zu 40 km breit. Die Schwäbische Alb ist weithin als flachwellige bis kuppige Hochfläche ausgebildet, im Durchschnitt 500 bis 900 Meter über dem Meer. Mit dem Lemberg mit 1015 Meter über dem Meer hat sie die höchste Erhebung.
Die Schwäbische Alb bildet das höchste Stockwerk des schwäbisch fränkischen Schichtstufenlandes. An ihrem Nordwestrand setzt sie sich mit einer bis 400 Meter hohen Schichtstufe, dem Albtrauf, gegen das Vorland ab. Zwischen dem Lochen und der Eyach ist der Höhenunterschied genau 400 Meter. Donauwärts dacht sie um mehrere 100 Meter bis auf 450 bis 550 Meter über dem Meer ab. Dies ist besonders im Bereich der Stadt Riedlingen sichtbar. Die aktive Rückverlegung des Albtraufes dokumentiert sich unter anderem in einer Vielzahl vorgelagerter Auslieger und so genannter Zeugenberge. Dies ist der Plettenberg bei Balingen (1005m Höhe) mit seinem nach Nordwesten hin abgebrochenen Anteil, der Zollerberg (Hohenzollern 855 m bei Hechingen), der Hohenstaufen (mit 684m) und die Achalm bei Eningen (mit 707m über dem Meer).
Zwischen Riedlingen und Neufra ist die Schwäbische Alb in das Erdinnere eingebrochen und ist meines Erachtens 300 – 400 m mächtig im Erdinneren gelagert.
Diese Erkenntnis leitet sich aus der erdgeschichtlichen Entwicklung der schwäbischen Alb ab:
Die Schwäbische Alb ist vor 195 Millionen Jahren entstanden und baut sich in der bekannten Schichtung, schwarzer Jura, brauner Jura und weißer Jura auf.
Ursprünglich hatte die Schwäbische Alb eine Kastenform. Vor ca. 4 Millionen Jahren, durch den Kontinentalzusammenstoß, entstand die so genannte alpine Spannungslinie die von den Pyrenäen über die Alpen zu den Karpaten reicht

und zu der Aufwerfung der Alpen geführt hat.
Vor den Alpen in der Poebene und hinter den Alpen im oberschwäbischen Tiefland entwickelte sich eine Senkung der Erde. In diese Senkung brach die Schwäbische Alb ein. Man spricht von einer Abdachung nach Süden. Dieser Einbruch der Schwäbischen Alb bei Riedlingen in das Erdinnere bildet die Linie Hundersingen, Heuneburg, Waldhausen und Riedlingen Stadtzentrum auf der einen Seite und Neufra insbesondere Schloss Neufra, Vogelberg, Eichenau und alte Vöhringer Burg beim Klärwerk auf der anderen Seite. Hier sind Reste der Schwäbischen Alb erkenntlich. Dies ist auch der trichterförmige Eintritt der Donau in den so genannten „kleinen Canyon" der Schwäbischen Alb, der in etwa bis Munderkingen reicht. Laupheim ist der Austrittspunkt der Donau aus diesem zweiten Einschnitt der Donau in die Schwäbische Alb. Das oberen Donautal bei Beuron bis Inzigkofen und Sigmaringen ist der Eine, unser oberschwäbischer Teil der Zweite Einschnitt.
Die Donau hat früher von Hundersingen bis Rechtenstein mäandriert das heißt sie ist in vielen s-förmigen Schlingen verlaufen, unter anderem war es bei Neufra bei dem so genannten Würdenhaken sogar zu einem bergauf Verlauf also zu einem aszendierenden Verlauf der Donau gekommen wie die älteren Einwohner noch mündlich berichten.
In diese trichterförmige Einengung zwischen der Heuneburg und Neufra kommt es ferner zum Zufluss des Röthenbaches und der Schwarzach von rechts und des Biberbaches von links. Dieses „Nieren-Glomerulum" der Flüsse ist also eingeengt durch die Erdformation.
Der ursprüngliche Kontakt zwischen der Schwarzach und der Donau lag in Höhe des Fußballplatzes Neufra, also südlich der Mißmahl'schen Anlagen und war wabenförmig durch mehrere Kanäle verbunden. So entsteht bei Hochwasser der Donau oder der genannten Seitenflüsse eine extreme Situation für Riedlingen. Früher waren laut alten Aufzeichnungen sieben Brücken zwischen der Stadt Riedlingen und dem Vogelberg vorhanden. Heute sind es noch drei, die Donau-

brücke, die Hochwasserkanalbrücke und die Schwarzachbrücke während in früher Zeit es eben sieben Brücken waren, das bedeutet, dass mehrere Kanäle oder Seitenarme das Wasser geführt haben und Ausgleiche stattfinden konnten. Zuerst wurde der Bahndamm in diese Engstelle gelegt, dann wurde ein monumentaler künstlicher Querdamm, die Trasse der Hindenburgstraße aufgefüllt. Durchlassvorrichtungen wurden keine eingebaut. Vier Kanäle wurden verschlossen, vier Brücken wurden abgebaut und in diese Engstelle wurden zahlreiche Bauwerke, Häuser, Spuntwände und Brückenpfeiler eingebracht. Jeder Kubikmeter Baumaterial hat also diesen trichterförmigen Kanal zusätzlich verstopft. Ebenso hat die Einengung der Donau nach Westen durch Dämme und nach Osten durch die Eisenbahntrasse zu einer Strangulation von beiden Seiten geführt. Dies veranschaulicht die kritische Situation der Stadtteile der Stadt Riedlingen, die „Oberried" und „Unterried" heißen, im Falle einer Hochwassersituation.

Auf der Rehlinschen Karte von 1583 mündet die Schwarzach sogar schon in etwa in Höhe der heutigen Riedmühle zwischen Hundersingen und Binzwangen in die Donau. Sodass angenommen werden muss, dass im Laufe von Entwässerungsmaßnahmen die Schwarzach von Ertingen in das Bett des Röthenbaches, der von Erisdorf über Neufra verläuft, verlegt worden ist.

Vermutlich war also das ganze Ried etwa von der Riedmühle bis Zwiefaltendorf, ja bis zur Braunsel ein wabenförmiges Seensystem, das zudem einen viel höheren Wasserstand hatte als heute.
Dadurch, dass die Schwäbische Alb sich dem Erdinnern genähert hat, ist südlich der eingebrochenen Schwäbischen Alb das Erdinnere weiter an den Horizont nach oben getreten, was zu einer Ausbildung höherer Schichten mit warmem Wasser geführt hat.
Das hat zur Folge, dass die Oberschwäbischen Bäderstädte ihre Thermalquellen

haben. Dazu gehört Bad Waldsee, Bad Saulgau, Aulendorf und Bad Buchau. Die Riedlingen am nächsten gelegene Stelle bei der Thermalwasser zu erwarten ist, ist meines Erachtens etwa in Höhe der Riedmühle bei Ertingen.

Die „Warmen Quellen" am Algershofer Donaubogen

Am Austritt der Donau durch den 2. Einschnitt in die Schwäbische Alb kurz vor Munderkingen befindet sich der Ort Algershofen. Zur Donau hin sind dort Natur-Denkmale ausgewiesen. Es handelt sich um die warmen Quellen von Algershofen. Zunächst ist alles unscheinbar und banal. Bei näherer Betrachtung im Winter zum Beispiel ist dort das Phänomen ebenso vorhanden, wie es beim Eintritt der Donau bei Neufra zu erwarten ist. Geologisch handelt es sich um einen unterirdischen See in 200 m Tiefe mit durch die Erdwärme angewärmtem Wasser. Durch Verschiebungen im Erdinneren sind heute die Temperaturen der Quellen nicht mehr wesentlich erhöht. Nach dem Algershofer Bogen ist die Donau wieder endgültig aus der Umklammerung der Schwäbischen Alb befreit. Das Gefälle und damit die Stromgeschwindigkeit sind nun deutlich geringer.

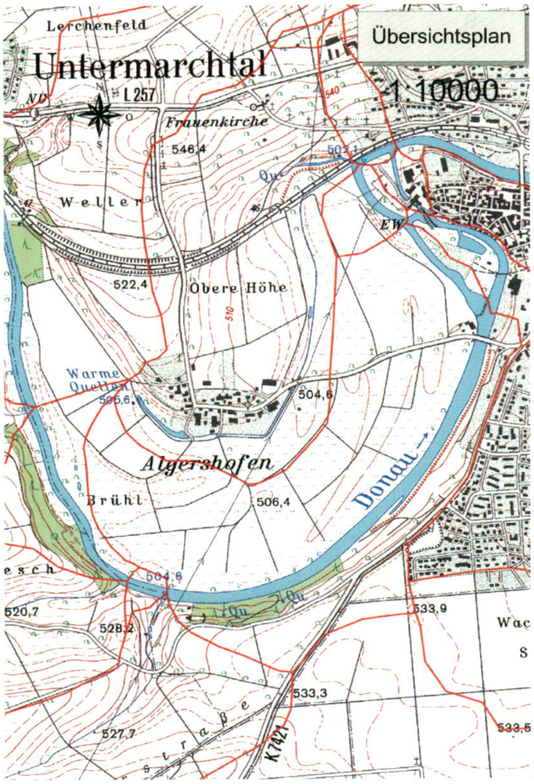

Plan des Algershofer Bogen (RP)

Ein Drittes Mal tangiert die Donau noch einmal bei Dillingen den Schwäbischen Jura.

Das nördliche Albvorland ist mit fruchtbaren Verwitterungsböden des Schwarzen Jura bedeckt. Der untere, geböschte Teil des Albtraufs ist überwiegend aus tonigen Schichten des Braunen Jura aufgebaut, die von den steil darüber ansteigenden harten Kalken des Weißen Jura geschützt werden. Diese bilden auch den größten Teil der Albhochfläche. Entlang des Albtraufs ist diese stark zertalt, mit Buckeln und Kuppen (Kuppenalb), die vor allem aus Riffkalk-Härtlingen bestehen. Jenseits der Klifflinie (des tertiären Molassemeers), die sich von Tuttlingen über Münsingen und bei Emerfeld und Upflamör bis südlich von Heidenheim an der Brenz hinzieht wird die Schwäbische Alb flachwellig und eintönig als Flächenalb bezeichnet.

Formen des tertiären Vulkanismus finden sich im Gebiet der Kuppenalb um Bad Urach (Schwäbischer Vulkan) mit einer Vielzahl von vulkanischen Eruptionsstellen. Vor dem Albtrauf sind diese als Härtlinge herauspräpariert (Teck 773 m ü.M.) auf der Albfläche sind jedoch die Schlotfüllungen durch die Erosion stärker abgetragen worden, so dass die Schlote als feuchte bis vermoorte Hohlformen (Hülen oder Hülben, vielfach als Zisternen genutzt) in Erscheinung treten und damit Fremdkörper innerhalb der insgesamt durch starke Verkarstung gekennzeichneten Schwäbischen Alb darstellen. Sie bildeten Ansatzpunkte der frühesten Besiedlung.

Zu den charakteristischen Erscheinungen gehören Trockentäler, Dolinen, Karstquellen und Höhlen (häufig mit prähistorischen Funden: Bärenhöhle, Nebelhöhle u. a.). Die Verkarstung ist auch Ursache der Wasserarmut der Hochfläche, deren Siedlungen trotz ausreichender Neiderschläge durch Pumpwerke von den Tälern aus versorgt werden müssen.
Die Südwestalb (Randen-, Baar- und Hegau-Alb) erhält im Regenschatten des südlichen Schwarzwaldes nur verhältnismäßig geringe Niederschläge (650 – 900 mm im Jahr). In der Mittleren Alb – zwischen Tuttlingen und Ulm – nimmt deren Westteil (Großer Heuberg) mit Höhen von über 1000m und einem äußerst rauen Klima (lange, schneereiche Winter und kurze Vegetationsperi-

ode) eine Sonderstellung ein. Die Jahresniederschlagsmengen sinken von 1070 mm im Norden Donau aufwärts auf 600 mm ab. Die Ostalb und besonders deren Nordteil (Albuch und Härtsfeld) sind, im Gegensatz zu allen anderen Gebieten, mit Nadelwäldern bestockt. Ihre Altflächen neigen teilweise zur Vermoorung. Klimatisch und Boden mäßig sind dagegen die südlichen Teile der Ostalb (auch Niedere Alb genannt), speziell die fruchtbare Ulmer Flächenalb, günstiger.
Der Albtrauf und die Täler tragen überwiegend Laubwald. Auf der Hochfläche fehlt der Wald weitgehend; hier finden sich noch Reste von Steppenheide und neben Ackerland (Anbau von Getreide und Hackfrüchten) vor allem Weideland (Schafhaltung), das jedoch zum Teil aufgeforstet wurde.

Trotz Wasserarmut und dem im Vergleich zu den angrenzenden Landschaften kühleren Klima (mittlere Jahrestemperatur 5,5 – 8,5°C) gehört die Hochfläche zu den alt besiedelten Gebieten.

Von den Römern, die am Ende des 1. Jahrhunderts nach Christus den von Ebingen und Lautlingen nach Oberdorf (heutige Gem. Albstadt) und Bopfingen führenden Alb-Limes anlegten, wurde die Schwäbische Alb durch zahlreiche Straßen erschlossen. In fränkischer Zeit wurde das Gebiet planmäßig kolonisiert. Das Siedlungsbild wird von weit auseinander liegenden großen Haufendörfern bestimmt. Dicht besiedelt sind die südöstliche Alb und einige von Nordwesten eingreifende Täler. In diesen entwickelten sich, aufbauend auf bodenständigem Gewerbe, seit der Mitte des 19. Jahrhunderts Industriegassen mit Textil- und feinmechanischer Industrie: Aalen bis Heidenheim an der Brenz im Osten, Balingen bis Ehingen (Donau) und Sigmaringen in der Mittleren Alb und Spaichingen bis Tuttlingen in der Südwestalb.

Ideale Siedlungsbedingungen in Riedlingen waren auf dem weißen Kalksteinfelsen, der das Donauufer um 12 m überragt, gegeben. Um darüber einen eindrucksvollen Blick zu bekommen begebe man sich hinter dem Rathaus der Stadt, unter dem Storchennest, hinunter zur Mühltorstraße. An diesem warmen Steilhang mit Blick zur ehemaligen Waagmühle und zum Bussen, habe ich den Eindruck, in den Alpen oder gar an der Adria zu sein. Wir sind aber hier „nur" auf der Schwäbischen Alb.

Jura		
Abteilung	Stufe	Jahre vor heute
Malm (Oberer oder Weißer Jura)	Tithonium Kimmerdigium Oxfordium	144 - 163 Mio.
Dogger (Mittlerer oder Brauner Jura)	Callovium Bathonium Bajocium Aalenium	163 - 188 Mio.
Lias (Unterer oder Schwarzer Jura)	Toarcium Domerium } Pliens- Carixium } bachium Sinemurium Hettangium	188 - 213 Mio.

Die Schwäbische Alb

Ulm, Elm, Illmensee, Elbigenalp

Nun wenden wir uns von der Schwäbische Alb ab und den Flussniederungen zu. Ulm, Elm, Illmensee und Elbigenalp im Lechtal in Tirol, alle diese Begriffe haben etwas gemeinsam. Sie bezeichnen einen Zusammenhang in der Natur, heute würde man sagen: ein Biotop. Das charakteristische an diesem Stück

Natur ist, dass es sowohl vom Wasser, als auch von Erde bedeckt ist. In diesen Feuchtgebieten stehen die Pflanzen viele Tage im Jahr im Wasser. An diesen Zustand angepasste Pflanzen sind vor allem das Schilf, die Rohrkolben, Sauergräser, Binsen, Sumpfbaldrian, Sumpfengelwurz. An Bäumen kommen dort verschiedene Arten von Weiden, meist in Halbkugelform, aber auch Birken, Schwarzerlen und Espen vor. An niederen Sträuchern sind Sanddorn, Weißdorn, Schlehdorn Hartriegel und wolliger Schneeball zu finden, die aber nicht dominieren. Die Farbe dieser Sumpf-, manchmal auch Moor-Biotope ist viele Monate im Jahr, zumindest von November bis Juni, grau, gelb bis gelb-braun. Jeder Blumenfreund kennt dieses Phänomen, der gilbenden, gelb-welkenden Pflanzen, wenn im Übertopf Nässe stehen bleibt, wenn die Pflanzen also „ersäuft" werden. Die Gelbstichigkeit gab den Biotopen in der Vergangenheit den Namen: vergilbt, elmig, elbig oder ulmig. Diese Worte aus dem Althochdeutschen lehnen sich an das lateinische Wort „helevus" an. Helevus bedeutet gelb. (18)
Aus diesem Wort stammt auch die Bezeichnung für „Helvetien", also die Schweiz ab. Dabei sind nicht so sehr die blonde Haarfarbe der Menschen für die Benennung ausschlaggebend gewesen, sondern eben die gelben Feuchtgebiete zum Beispiel um den Bodensee und am Niederrhein. Auch der Name „Helfensteiner" für das Adelsgeschlecht im Riedlinger Ortsteil Neufra dürfte auf diese Bezeichnung zurückgehen.

Ried

Das Ried und davon abgeleitet der Name unserer Stadt Riedlingen ist nichts anderes als die jüngere Formgebung in der Deutschen Sprache für dieses oben beschriebene Biotop mit einem stufenlosen Übergang vom Wasser zum Land und seiner charakteristischen Riedvegetation und Fauna.
Also hat Riedlingen mit Ulm, Illmensee, Elm in Altheim und Elbigenalp am Lech gemeinsam, dass die Orte ein Feuchtgebiet mit charakteristischer Vegetation umgibt.

Riedlingen hat nun das Besondere. Die Stadt liegt mit ihren Stadtteilen Oberried, Unterried und Mühlvorstadt im Überflutungsgebiet der Donau, also im Ried. Sie liegt aber auch mit ihrem alten Stadtkern auf den Jurageseinsformationen der Schwäbische Alb.

Der Lauf der Sonne am Himmel wurde mit dem Schiffzug verglichen.

Die Darstellung der Sonne als „Barke", also als Schiff und der Lauf der Sonne am Himmel als „Schiffzug" ist uns aus mehreren antiken Kulturen bekannt. Die Ägypter und die Kelten hatten den Sonnenlauf so dargestellt. Auf der „Himmelsscheibe von Nebra", etwa 4 Tsd. Jahre vor Christus, finden wir sehr eindrucksvoll diese Darstellung, deren Interpretation diesbezüglich heute Allgemeingültigkeit besitzt. So dürfen wir also davon ausgehen, dass auch die Kelten auf der Heuneburg den Lauf der Sonne mit einem Schiffzug verglichen haben.
Dazu kann ich Ihnen, verehrter Leser, nun aus eigenen Beobachtungen berichten, dass 1.) der Aufgang der Sonne am „Tag des Neuen Sonnenjahres", also jeweils am 22. Dezember, vom südlichen Rand der Schwäbischen Alb aus betrachtet, bei Alpenfernsicht genau an der Zugspitze erfolgt. Diese Beobachtung ist also auch von der mittleren Heuneburg aus möglich. So drängt sich die Vermutung auf, ob nicht die „Zug"-spitze ihren Namen von hier aus vor langer Zeit erhalten hat. Und dass 2. der Sonnenaufgang am 24. Juni, dem Tag der Sommersonnenwende, von der „jüngsten" der 3 Heuneburgen, also dem Fürstensitz über der Donau, direkt hinter dem Bussen stattfindet. Um dieses Schauspiel zu betrachten, finden sich alljährlich zahlreiche Menschen in den frühen Morgenstunden schon um 4.00 Uhr auf dem Gelände des Freilichtmuseums ein.

Wie der Lauf der Sonne nur langsam von statten geht, so ist auch der Schiffzug flussaufwärts, im Vergleich zur Schifffahrt flussabwärts eine langsame Angelegenheit.

Die Zugspitze

Kurz vor Sonnenaufgang (S)

Schlusswort:

Ist nicht die Vergangenheit das Wichtigste für die Zukunft?

Arbeitszillen, Stechpaddel und Treidelpfade sind in Riedlingen nicht mehr in Gebrauch. Die Zille ist nicht mehr Wasser tauglich, sie ist leck. Wie die Stechpaddel aussehen und wozu sie gedient haben weiß heute niemand mehr und die alten Treidelpfade sind eingewachsen und verfallen.
Sicherlich haben diese Gegenstände in den letzten 100 Jahren nur noch den Flusswarten selbst zur Erhaltung der Uferböschungen und der Hochwasserschutzdämme gedient.
Arbeitszille, Stechpaddel und Treidelpfade sind aber beredte Zeugen einer blühenden Vergangenheit der Stadt Riedlingen. Besonders im 16. Jahrhundert hatten der Holztransport auf der Donau und die Sägmühle auf der Donauinsel für den Aufbau der vielen eindrucksvollen Fachwerkhäuser in der Altstadt beigetragen.
Die gekreuzten Stechpaddel sind markantes Zeichen der Siegel der Stadt Riedlingen. Sie können bis 1343 rückverfolgt werden. Damit ist ihre Wichtigkeit und die Bedeutung der Donau für immer hervorgehoben.
Die Zentralisation von Menschen, die Siedlungsgründung und die Urbanisierung hängen immer von günstigen äußeren Faktoren ab. Diese Kausalkette ist hier in Riedlingen sicherlich die Donau, die Zillen, die Stechpaddel und sind die Treidelpfade. Es bleibt lediglich die Frage, seit wann hier Menschen an der Donau gesiedelt haben.
Aus der möglichen prähistorischen Siedlung „Tarodunum" ist vielleicht nur noch ein Wall und Spuren einer Furt übrig. Der Rest ist eingeebnet oder weggeschwemmt worden. Und von dem Weiler „Hruodininga" an der warmen Südseite des Stadtfelsen an der Donau ist vieles erneuert, überbaut oder eingebaut

worden. Dennoch finden sich genügend Hinweise für diese Siedlungen.

Die Donau spielt die Hauptrolle. Nicht so sehr das Queren des Flusses und das Transportieren und Fahren mit dem Wasser waren die Probleme.
Heute wie früher ist das bedeutende logistische Problem das Rückführen der Schiffe an den Ausgangspunkt und der Transport von Gütern flussaufwärts.

Lastenzillen, Stechpaddel und Treidelpfade sind der Beweis, dass seit alter Zeit dieses Problem hier vor Ort kraftvoll gemeistert worden ist.
Die Technik, platte Lastenzillen durch Stochern auf Grund gegen die Strömung zu schieben, ist selten.
Zwei gekreuzte Stechpaddel im Wappen einer Stadt als Ausdruck der Bedeutung sind weltweit einmalig.

Wir sollten die alten Gebrauchsgegenstände in Ehren halten und ihnen Raum für die Erinnerung geben und wir sollten das Wissen über ihre Nutzung erhalten. Vielleicht wird es wieder einmal lebenswichtig sein, ebenso wie das Wasser der Bäche, der ...achen und der Flüsse.

Die Donau ist Schutz und Hindernis. Sie ist Brücke und Verbindung aber auch Trennung. Sie kann Grund sein zu bleiben aber auch Grund und Weg, die Stadt zu verlassen. Wie auch immer. Der Donau gebührt der nötige Raum, den ein solch schöner und kräftiger Fluss braucht um leben und „arbeiten" zu können und ihr gebührt der hohe und dankbare Respekt, den eine fruchtbare Siedlungsgrundlage, ein Kraft- und Energiespender, eben eine wichtige Lebensader, verdient.

Salute per aqua. – Gesundheit, Heil und Wohlergehen durch Wasser.
Das wünsche ich den Bewohnern der Stadt Riedlingen von ganzem Herzen.

Literatur:

1. **ALManach** 5/6 Archäologisches LandesMuseum Baden Württemberg: Einbaum, Lastensegler, Dampfschiff; Frühe Schiffahrt in Südwestdeutschland. Konrad Theiss Verlag, Stuttgart 2000.

2. **Arbeitskreis** Schiffahrtsmuseum Regensburg e.V.: Donau-Schiffahrt, Band 3, 1983, Band 4 1984, Band 7, 2004. Vorsitzender Dr. Horst Erbguth, Regensburg, 2004.

3. **Aßfalg,** Winfried: Strafen und Heilen. Scharfrichter, Bader und Hebammen; ein Beitrag zur Geschichte der ehemals vorderösterreichischen Donaustadt Riedlingen. Bad Buchau 2001 (Landkreis Biberach, Geschichte und Kultur Bd. 5).

4. **Baumeister,** Heinz: Historisches rund um Zwiefalten. Schwäbische Zeitung vom 10. Dezember 2007. Ulrich'sche Buchdruckerei & Verlag GmbH & Co. KG, Riedlingen, 2007.

5. **Brockhaus-Enzyklopädie:** in 24 Bd. – 19. völlig neu bearb. Aufl. – Mannheim: Brockhaus, 1986.

6. **Evers,** Dietrich, Stölting, Siegfried: Das Boot aus der Tundra. Eiszeitjäger vor 10 000 Jahren. Hauschild Verlag, Bremen ohne Jahreszahl.

7. **Geyer,** Otto F. und Gwinner, Manfred P.: Sammlung geologischer Führer 67, Die Schwäbische Alb und ihr Vorland. Gebrüder Bornträger, Berlin, Stuttgart 1984.

8. **Gluitz,** Franz: Veringen- Das Dorf. Das Leben, Versagen und Ringen, der Glaube, die Hoffnung und der Sieg einer Dorfgemeinschaft. Theobald Schwall, Karlsruhe-Daxlanden. (ohne Jahreszahl)

9. **Hailbronner,** Liese: Ein Leben mit der Donau; Eine Ulmer Schiffer- und Fischerfamilie. Honold GmbH, Langenau. Vertrieb: Armin Vaas Verlag, 7907 Langenau-Ulm. (ohne Jahreszahl, vermutl. 1988) ISBN 3-88360-068-7

10. **Kapff,** Dieter: Die Heuneburg – älteste Stadt Mitteleuropas? Es könnte Herodots „Pyrene an den Quellen des Istros" sein. Stuttgarter Zeitung am 16.12.1906, S. 12.

11. **Kraume-Probst,** Sabine M.A.: Riedlingen, Landkreis Biberach: Riedlingen-Stadt. Ortscharakteristik; Informationen zur Denkmalerfassung. Landesdenkmalamt Baden-Württemberg. Nr. 18 / Dezember 1992.

12. **Mangei,** Bernhard: Herrschaftsbildung von Königtum, Kirche und Adel zwischen Oberrhein und Schwarzwald. Untersuchungen zur Geschichte des Zartener Beckens von der merowingischen bis zur salischen Zeit. http://www.freidok.uni-freiburg.de/volltexte/1295/ 2003

13. **Meißinger,** Otto: Die historische Donauschiffahrt. Druck: Gugler, Melk, 2. Auflage gedruckt mit freundlicher Genehmigung des Erstverlegers Dr. Kurt Wedl. Melk, Österreich, 1990.

14. **Lorenz,** Sönke: Das Haus Württemberg – ein biographisches Lexikon. ... In Zusammenarbeit mit Christoph Eberlein ... und dem Institut für Geschichtliche Landeskunde und Historische Hilfswissenschaften der Eberhard-Karls-Universität Tübingen. Verlag: Kohlhammer, Stuttgart; Berlin; Köln 1997.

15. **Quarthal,** Franz: Riedlingens Weg zur Stadt; Festvortrag zum 750-jährigen Stadtjubiläum. In: Heimatkundliche Blätter für den Kreis Biberach 2005/2 Biberacher Verlagsdruckerei GmbH & Co. KG, 2005.

16. **Sarrazin,** Jenny, Holk, André van: Schopper und Zillen; Eine Einführung in den traditionellen Holzschiffbau im Gebiet der deutschen Donau. Deutsches Schiffahrtsmuseum, Bremerhaven, und Ernst Kabel Verlag, Hamburg 1996.

17. **Thoma,** Erwin: ... dich sah ich wachsen; Über das uralte und das neue Leben mit Holz, Wald und Mond. Druck und Bindung: Gutenberg Werbering Ges. m.b.H., A-4010 Linz, ISBN 3-901727-00-0; Verlag: Edition Grüne Erde mit dem Autor gemeinsam, 7. erweiterte Auflage 2004

18. **Wax,** Hermann: Etymologie des Schwäbischen; Geschichte von mehr als 4.300 schwäbischen Wörtern. Wolfgang Schürle im Auftrag der Oberschwäbischen Elektrizitätswerke (OEW) in Verbindung mit Hubert Wicker, Förderverein Schwäbischer Dialekt e.V. zugleich: Alb und Donau, Kunst und Kultur, Band 44 Gulde Druck, Tübingen 01/2005.

19. **Wieland,** Günther: Keltische Fluss-Schifffahrt in Südwestdeutschland. Auszug aus Einbaum Lastensegler Dampfschiff; Frühe Schifffahrt in Südwestdeutschland. ALManach 5/6; Herausgegeben vom Archäologischen LandesMuseum S. 77-92. Theiss-Verlag.

20. **Württ.** Statistischen Landesamt: Beschreibung des Oberamts Riedlingen. Zweite Bearbeitung. Verlag von W. Kohlhammer, Stuttgart, 1923.

21. **Zimmermann,** Anton: Abriss der Geschichte der Donau-Schifffahrt. Donau-Schiffahrt, Band 7

Museen

Federsee-Museum, 88422 Bad Buchau
Einbaum, Steinzeitdorf, steinzeitliches Floß, Bohlenweg,
steinzeitlicher Fischfang

Heuneburg-Museum, 88518 Herbertingen-Hundersingen
Keltischer Fürstensitz über der Donau. Fürstengrab, Freilichtmuseum
und Heuneburgmuseum

Inn- Museum, 83022 Rosenheim
Wasserbau- u. Schifffahrtstechnische Sammlung
des Wasserwirtschaftsamtes Rosenheim, Innstraße 74 (an der Innbrücke)

Kelten-Museum, Pflegerplatz 5, A – 5400 Hallein in Tirol, Österreich
Schifffahrt auf der Salzach seit der Keltenzeit

Museum „Schöne Stiege", 88499 Riedlingen
Stadtsiegel, „Rehlinsche" Karte, Stechpaddel,
u. a. Dokumente zur Geschichte der Stadt Riedlingen

Römermuseum Ennetach, 88512 Mengen – Ennetach, Kastellstr. 52
Römische Geschichte an der oberen Donau, Funde

In den Ausstellungen dieser Museen sind anschauliche Details, die in diesem Buch wiedergegeben werden, zu finden.

Inhalt

Bildnachweis:

Reproduktionen:

A Aßfalg, Winfried: Strafen und Heilen. Scharfrichter, Bader und Hebammen; ein Beitrag zur Geschichte der ehemals vorderösterreichischen Donaustadt Riedlingen. Bad Buchau 2001 (Landkreis Biberach, Geschichte und Kultur Bd. 5)

RP Regierungspräsidium Tübingen, Landesbetrieb Gewässer, 88499 Riedlingen

RPD Regierungspräsidium Tübingen, Denkmalpflege. Postfach 26 66, 72016 Tübingen
Quelle: Luftbildarchiv, Aktenzeichen L7922/116-05;
Meldedatum: 27.01.1995, Herr Eugen Klein.

Fotos:

A Aßfalg, Winfried

RP Regierungspräsidium Tübingen, Landesbetrieb Gewässer, 88499 Riedlingen

S Schreijäg, Hans-Peter, Dr. med., Riedlingen

JS Johannes Schöllkopf

JB Jürgen Bäurle

MW Michael Walz

Dank

Ausdrücklich möchte ich jenen Autoren und Verlegern danken, von denen mein Anschreiben nicht beantwortet wurde, die vielleicht schon gestorben sind. Ich versichere, dass Ihre Arbeit und ihre Werke, von denen ich mir erlaubte Auszüge oder Bilder abzudrucken, hier in Riedlingen in Ehren gehalten werden. Die Abdrücke in diesem Buch dienen dazu, wie das Buch selbst, die Geschichte der Stadt Riedlingen neu zu ordnen und die Wichtigkeit der Donau wieder zu erfahren.

Ein besonderer Dank für seine Unterstützung und die Überlassung wertvoller Dokumente zur Geschichte der Stadt Riedlingen gilt dem Leiter des Riedlinger Alterthums Vereines, Herrn Winfried Aßfalg.

Danke sage ich auch Herrn Eugen Klein vom Regierungspräsidium Tübingen, Referat Denkmalpflege, für die Überlassung der Luftaufnahmen und Herrn Andreas Stegmaier, ebenfalls Regierungspräsidium Tübingen, nun Landesbetrieb Gewässer, Riedlingen, für seine Informationen und Dokumente.

Ein letzter Dank gilt dem Dirigenten, Herrn Michael Reiter und dem Jugendensemble des Jugend-Stadt-Orchester (JUST O) für die musikalische Bereicherung und Umrahmung.

Der größte Dank gilt den eingangs schon erwähnten Mitstreitern Herrn Johannes Warmke, Herrn Johannes Schöllkopf und Herrn Rainer Menz.

Jugend-Ensemble der Stadtkapelle Riedlingen.

Beim Familienfest des Zoll – Zillen Vereines Ulm – Gögglingen – Donaustetten e. V. am 09.09. 2007 spielte das Jugend – Ensemble unter der Leitung von Herrn Michael Reiter auf den Zillen Brigach und Breg unter anderem das Riedlinger Goole – Lied. In der 1. Zille sitzen vorne: Manuela Schmid und Patrick Schmid, in der Mitte sind Dominik Geißinger und Selina Binder. Hinten befinden sich Andreas Stöhr und Julian Großmann. Mit dem erhobenen Stechruder gibt ein Mitglied des Vereins aus Ulm-Gögglingen-Donaustetten den Takt mit an. In der 2. Zille sitzt vorne alleine Philipp Bartnik mit seiner Zugposaune. In der Mitte ist Joachim Geißinger und durch die Tuba verdeckt der Dirigent der Stadtkapelle Riedlingen, Herr Michael Reiter mit Posaune. Hinten sitzen Timo Großmann und Johannes Jakober. Am Ruder ist wiederum ein Mitglied des Zoll-Zillen-Vereins.

Familienfest des Zoll-Zillen Vereins Ulm-Gögglingen-Donaustetten e.V. am 9.9.2007 (S)

Empfiehl deine Wege dem Herre Christ

doch meide die Stege wenn Du betrunken bist.

(Volksweisheit)

Die Donau

hinauf

Aufrecht –
in schwankender Zille –
mit wertvoller Fracht –
sicher stehend –
die Strömung lassend –
kraftvoll schiebend –
mühelos gleitend –
die Donau hinauf.

Dr. med. Hans-Peter Schreijäg

Die Orchideen im Umkreis von Riedlingen

Der hier abgebildete, vielfältige Orchideenschatz befindet sich in unmittelbarer Nähe der Stadt Riedlingen an der Donau.

Den mageren Kalkböden der oberen Gesteinsschichten des Schwäbischen Jura ist es zu verdanken, dass die Blumen zur Freude der Menschen und zur Ehre der Schöpfung so üppig und so lieblich gedeihen.

Auf den Gemarkungen der Gemeinden Bechingen, Binzwangen, Dürrenwaldstetten, Emeringen, Friedingen, Hayingen, Heiligkreuztal, Hundersingen, Langenenslingen, Pflummern, Riedlingen, Unlingen, Warmtal, und Zwiefaltendorf gibt es Orchideen.

Dr. med. Hans-Peter Schreijäg

Natur & Gesundheit in Riedlingen

Immer mit der Ruhe
7 Erlebniswege

7 Wege rund um Riedlingen führen zu Erholung, Erlebnis und Gesundheit. Und alle sind für Sie gemacht. „Natur- und Gesundheitserlebnis" ist die Leitdevise dieser Rundwanderwege.